EBS 강사가 추천하는
로봇 인공지능 인기학과 진로코칭

EBS 강사가 추천하는
로봇 인공지능 인기학과 진로코칭

펴낸날 2022년 6월 10일 1판 1쇄

지은이 안계정·안세희·정유희
펴낸이 김영선
책임교정 정아영
교정·교열 이교숙, 이라야
경영지원 최은정
디자인 박유진·현애정
마케팅 신용천

펴낸곳 (주)다빈치하우스-미디어숲
주소 경기도 고양시 일산서구 고양대로632번길 60, 207호
전화 (02) 323-7234
팩스 (02) 323-0253
홈페이지 www.mfbook.co.kr
이메일 dhhard@naver.com (원고투고)
출판등록번호 제 2-2767호

값 16,800원
ISBN 979-11-5874-150-1 (44370)

EBS 강사가
추천하는

✓

로봇
인공지능
인기학과 진로코칭

안계정·안세희·정유희 지음

미디어숲

추천사

이 시대는 대학의 중요성보다 본인의 진로에 맞는 학과의 선택이 중요합니다. 그러기 위해서는 자신이 진학한 학과에 대한 탐색이 필요합니다. 최근 학생들은 전망이 밝은 직업군에도 관심이 많습니다. 하지만 학생들이 생각하고 원하는 학과나 직업이 아직까지도 한정적이라는 부분은 항상 안타깝습니다. 이 책은 인공지능과 로봇 관련 최근 동향과 앞으로의 비전을 보여주고 있습니다. 미래를 위해 지금 어떤 것을 공부하고 준비해야 하는지 잘 설명되어 있습니다. 이 책을 잘 활용해 본인에게 맞는 학과를 선택한다면, 대학에서 학문의 즐거움과 취업까지도 누릴 수 있으리라 생각합니다.

경상국립대 물리학과 정완상 교수

『진로 로드맵 시리즈』는 이미 시장에서 입시 전문가들과 학부모들이 찾아보는 필독서가 되었다. 이번에 출간하는 『EBS 강사가 추천하는 로봇 인공지능 인기학과 진로코칭』은 최근 학생들의 선호도가 높은 인공지능에서부터 협동로봇, 안드로이드 로봇, 빅데이터에 이르기까지 로봇과 인공지능의 다양한 분야를 탐색할 수 있다. 학과뿐만 아니라 취업 후 진로까지에 대한 세부 로드맵이 담겨 있다. 이 분야를 지원하거나 관심 있는 학생들과 학부모 그리고 컨설턴트들에게는 꼭 추천할 만한 책이다.

서정대, 한국전문대학교육협의회 국제협력실장 조훈 교수

전공과 계열을 찾아가는 가이드북이 있으면 시간과 공간이 절약됩니다. 적성과 흥미를 기반으로 해 진로를 탐색하는 데 도움이 되는 정보는 독자들에게는 기쁜 소식입니다. 이 책은 인공지능 학과를 가는 길뿐만 아니라 로봇공학, 데이터분석학이 인공지능과 어떻게 연계되는지 확인할 수 있습니다. 세부적인 내용으로 학과 관련 탐구활동도 할 수 있습니다. 진로를 고민하는 청소년들에게 적극 추천합니다.

호서대, 한국진로진학연구원장 정남환 교수

평소 많은 학생이 관심을 가지고는 있지만 잘 알지 못했던 분야인 인공지능 산업에 대한 소개와 최신 로봇 산업의 동향까지 잘 나타낸 책이 드디어 출판되었다. 인공지능 공학의 이해를 돕기 위해 그림 자료와 함께 인공지능 관련 다양한 내용을 소개하면서 로봇 공학에서 빅데이터에 이르기까지 알려주어 이 책 한 권을 통해 인공지능 산업의 흐름을 파악하는 데 도움이 될 것이다. 또한 자신의 진로를 구체적으로 설정할 수 있을 뿐만 아니라 다양한 활동을 통해 탐구로 이어나갈 수 있도록 알찬 정보를 담았다.

영남고 진로교육부장 김두용 교사

이 책은 4차 산업혁명에서 매우 중요한 인공지능의 길라잡이로 학생들에게는 가이드의 역할을 해 꿈을 이루도록 하는데 지침서의 역할을 할 것으로 봅니다. 상담을 하다 보면 인공지능 분야에 진로를 희망해 학생부종합전형을 준비하는 학생들이 많습니다. 하지만 인공지능 분야가 어떻게 발전되고 있는지, 연구분야는 어떤 것들이 있는지, 어떤 내용을 자신의 학생부와 연결시켜야 하는지 등 다양한 배경지식이 없어 힘들어합니다. 그런 학생들에게 이 책이 징검다리가 되어 학생의 꿈에 한발 더 다가갈 수 있었으면 합니다.

오내학교 회장, 진로진학부장 정동완 교사

인공지능학과가 새로 생길 정도로 인공지능 전문 인재가 필요한 시대가 되었습니다. 그런데 학교에서 어떤 것을 준비해야 하는지 교사, 학생 모두 힘들어하고 있는 실정입니다. 또한 코로나로 인해 인공지능 기술이 가속화되어 다양한 분야에 활용이 되고 있어요. 이 책을 보니 기술의 발전을 이해하게 되면서 조금 안심이 됩니다. 목차만 봐도 책의 깊이와 폭을 한눈에 알 수 있을 만큼 양질의 정보를 담고 있습니다. 좋은 책 출간해 주셔서 감사합니다.

거창고 진로진학부장 손평화 교사

최근 학교 현장에서 학생들을 마주하다 보면 인공지능에 대한 관심이 깊어지고 있다는 것을 알 수 있습니다. 이 책을 통해 현재 기업들의 인공지능 신기술 및 산업에 대한 기초적인 개념과 관련 진로를 확인해 볼 수 있습니다. 2022년 개정 교육과정 속에서 인공지능 학과에 관심이 있는 중·고등학생들이 어떻게 대비해야 할지 그 방법과 방향성을 제시합니다.

서울 광성고 생물담당 장동훈 교사

21세기 차세대기술로 각광받고 있는 인공지능·로봇 기술과 관련된 산업의 현황 및 최근 이슈를 자세하게 제시하고 있어 인상적입니다. 막연히 인공지능 관련 진로에 대한 생각만 하고 있었던 학생들에게 이 책을 전해준다면 구체적인 진로 로드맵을 세울 수 있을 것입니다. 또한 관련 학과 준비를 위한 자세한 진로진학에 대한 정보까지 담고 있습니다. 만약 인공지능 산업과 관련된 진로를 꿈꾼다면 이 책을 꼭 읽어봐야 할 책으로 추천합니다.

안산 광덕고 수학담당 김홍겸 교사

학교 현장에서 학생들에게 인공지능 산업에 대하여 설명해 주면서 그 중요성을 알려주는 데에 어려움을 느꼈습니다. 이 책은 미래 인공지능 산업에 대해 길라잡이 역할을 해 주면서 용어사전까지 겸비해, 기본 개념을 익힌 후 협동로봇, 안드로이드 로봇, 데이터 분석과 미래 발전방향까지 상세히 안내해 주고 있습니다. 일반 고등학교 학생들뿐만 아니라 특성화고등학교 학생들의 진학과 진로를 결정할 때에도 유용하게 활용될 수 있는 도서가 될 것으로 기대합니다.

서귀포산업과학고 발명과학부장 서영표 교사

『EBS 강사가 추천하는 인기학과 진로코칭 시리즈』는 기존 도서와는 다르게 4차 산업혁명을 주도하는 분야의 최신 경향 및 관련 산업 분야의 기술 동향 흐름을 빠짐없이 제공하고 있습니다. 따라서 중·고등학생 및 학부모, 특히 현장에서 진로진학 컨설팅을 하는 현업종사자분들에게 상담에 필요한 메뉴얼의 역할을 톡톡히 해낼 것입니다. 학생들의 관심 분야에 관련된 국내외 최신정보와 해설, 새롭게 바뀐 고교 교육과정과 각 분야의 대학 학과 정보를 함께 제공하고 있습니다. 특히, 학부모님들이 교과서만으로 충족하기 힘든 다양한 학습자료와 탐구주제들을 동시에 만족시킬 수 있는 참고서적으로 평가하고 싶습니다.

두각학원 입시전략연구소 전용준 소장

대학에서 원하는 역량을 어느 정도 준비했나요?
기업에서 요구하는 역량을 어느 정도 갖추었나요?

아직도 대학 이름이 중요하다고 생각하나요?

학생들의 인구는 점점 줄어들고 있어 모든 학생이 대학을 갈 수 있는 시대입니다. 하지만 현실을 들여다보면, 그다지 밝지 않습니다. 대학의 타이틀을 중시해서 마음에 없는 학과를 선택해 자퇴를 하고, 휴학을 하는 학생들도 무척 많다고 합니다. 그럴듯한 이름의 학과를 선택했지만 생각했던 바와는 다른 공부를 하고, 대학에서 배운 학문으로 취업을 하자니 딱히 하고 싶은 일도 없고 가고 싶은 직장도 없다고 합니다.

왜 우리는 12년간 미래를 위해 열심히 준비를 해놓고, 중요한 순간에 엉뚱한 선택을 하는 것일까요? 자신의 진로에 대해서 큰 고민도 하지 않고 현명한 도움도 받지 못해서입니다. 앞으로는 전략적으로 취업이 보장되는 학과에 관심을 가져야 합니다. 각 기업마다 지역인재전형이 늘어남에도 불구하고 지방 거점 국립대도 인원을 다 모집하지 못하고 있습니다. 이제는 단순히 대학입학을 위한 역량을 갖출 것이 아니라, 시대에 적합한 역량을 갖추고, 인공지능을 활용해 비정형화되고, 복잡한 문제를 해결할 수 있는 능력을 갖춰야 하는 시대입니다. 바로 이런 인재를 '창의융합형 인재'라고 합니다.

여기에 발맞춰 정부에서도 학생들이 배우고 싶은 과목을 스스로 선택해 공부할 수 있도록 공동교육과정을 운영하고 있습니다. 뿐만 아니라 학생 맞춤형 교육과정인 '2022 개정 교육과정'을 운영하기 위해 디지털과 인공지능 교육 학습 환경도 조성하고 있습니다. 특히, 자신의 진로와 흥미에 맞는 과목을 선택할 수 있도록 진로 선택 과목과 융합선택 과목을 개설해 미래사회에서 요구하는 인재로 성장하는 다양한 기회를 제공하고 있습니다.

이 책은 4차 산업혁명 시대에 필요한 인재들이 반드시 알아야 할 이슈와 교과목 선택 안내, 우리 주변에서 할 수 있는 탐구활동을 소개해 학생들이 관련 진로를 선택하는 데 도움을 주고자 했습니다.

『EBS 강사가 추천하는 인기학과 진로코칭』 시리즈의 특징은 점점 갈수록 진로 선택의 시기가 빨라지는 만큼 중학생들도 자신의 진로를 탐색할 수 있도록 쉽고 재미있게 집필했습니다. 또한 성적이 낮아 진로 선택에 고민이 많은 학생도 자신의 꿈을 이룰 수 있도록 다양한 진로 방법을 소개하였습니다. 특히, 특성화고, 마이스터고, 폴리텍대학 등에 진학한 학생들의 취업을 보장하며, 고액의 연봉을 받는 전문직종에 진입할 수 있는 방법도 소개합니다.

『EBS 강사가 추천하는 로봇 인공지능 인기학과 진로코칭』은 인공지능 시대에 필요한 비판적 사고력, 정보판별력, 공감, 소통능력 등을 기를 수 있는 새로운 지식과 과목 선택 방법을 알려줍니다.

IBM 기업에서는 뉴칼라 인재를 양성하기 위해 세명 컴퓨터고와 경기과학기술대를 연계한 인공지능 실무형 인재를 양성하기 위해 교육하고 있으며, 미래산업 과학고와 명지전문대를 연계해 4차 산업혁명시대 인공지능, 사이버 보안, 데이터 사이언티스트, 클라우드 전문가 등 산업군이 필요로 하는 새로운 인재도 기르고 있습니다.

하루에도 수많은 데이터가 생성되고 있습니다. 이처럼 많은 데이터의 홍수 속에서 원하는 정보를 얻고 찾을 수 있는 방법과 기술에 대해서 알아봅니다. 특히, 취업이 보장된 인기학과의 교육과정을 보면서 학교에서 공부해야 할 분야를 확인하고 관련 탐구활동을 진행하면서 진로 역량을 키울 수 있도록 도움을 줍니다.

이 책은 전공에 대한 이해도와 관심을 높여 학생들의 꿈이 성적에 관계없이 이루어질 수 있도록 다양한 정보를 실었습니다.

EBS 강사가 추천하는 약대 바이오 인기학과 진로코칭
EBS 강사가 추천하는 그래핀 반도체 인기학과 진로코칭
EBS 강사가 추천하는 배터리 에너지 인기학과 진로코칭
EBS 강사가 추천하는 PAV 모빌리티 인기학과 진로코칭
EBS 강사가 추천하는 로봇 인공지능 인기학과 진로코칭
EBS 강사가 추천하는 VR 메타버스 인기학과 진로코칭

6개의 가이드북은 학생들이 선택한 진로를 구체화하고 심층탐구 주제를 찾을 수 있도록 다양한 정보를 제공하였습니다. 따라서 학생들이 각 계열별 진로를 결정하는 데 도움을 줄 것으로 기대됩니다. 이 책을 통해 많은 학생이 어려움 없이 자신이 원하는 꿈에 이를 수 있길 바랍니다.

저자 안계정, 안세희, 정유희

차례

 PART 1

인공지능 로봇 산업의 길라잡이

정보의 바다 빅데이터

조기취업형 계약학과 선도대학

PART
1

인공지능 로봇 산업의
길라잡이

인공지능 산업은 무엇이며, 어떤 특징이 있을까?

인공지능(AI, Artificial Intelligence)이란 인간의 학습능력과 추론능력, 지각능력, 자연언어의 이해능력 등을 컴퓨터 프로그램으로 실현한 기술입니다. 우리는 2016년 3월 이세돌 9단과 알파고의 바둑대회에서 알파고(AlphaGo)가 승리하는 것을 보면서 인공지능의 엄청난 발전을 실감하게 되었습니다.

현재, 모든 산업 분야의 발전 핵심에는 자율주행차, 로봇 등 인공지능의 발전이 있다고 볼 수 있습니다. 인공지능 기술이 발달하면서 로봇이 인간의 말을 이해하고 행동합니다. 음성인식 및 번역은 물론이고, 사람의 발화까지 흉내내고 있

출처 : 알데바란

지요. 대화 시 대상이 누구인지, 상대방의 감정은 어떠한지까지 읽습니다. 그뿐 아니라 상대에게 맞는 도서나 음식, 의상까지 추천해줄 정도로 발전했어요.

또한 음악을 작곡하거나 미술 작품을 창작하고, 소비자들의 댓글을 참고해 그들이 원하는 방향으로 상품을 기획할 정도로 발전하고 있습니다. 넷플릭스는 모바일에 중점을 둔 '블랙미러: 밴더스내치'와 같은 양방향 TV 실험을 기반으로 소비자가 원하는 방향으로 스토리를 구성해 진행하고 있지요.

충분한 데이터와 반복된 학습 알고리즘만 있다면, 특정 영역에서 인간의 지적 수준 능력을 넘어섭니다. 따라서 이제는 인공지능과 함께 살아가야 하는 방법에 대해 고민해야 할 시대입니다.

1단계 인식 (2017년)	2단계 적극 (2018년)	3단계 사용 (2019년)	4단계 체계 (2020년)	5단계 전환 (2021년)
			디지털 처리와 체인 전환, 파괴적인 새 디지털 AI 비즈니스 모델에 널리 사용하는 단계	인공지능이 비즈니스 DNA의 일부가 된 단계
		제작에서 AI 처리 최적화 또는 제품/서비스 혁신과 같은 가치 창출 단계		
	주로 데이터 과학 맥락에서 AI 실험 단계			
초기 AI관심사로 과대 광고 위험 단계				

출처 : AI성숙도 모델(가트너)

☑ 인공지능시대, 로봇에는 어떤 변화들이 있을까요?

인간과 함께 안전하고 편리하게 일할 수 있는 협동로봇의 기술 발전은 작업을 더 원활하게 하도록 도와주어 불량률을 낮추고, 위험한 기계를 다루거나 힘든 일을 처리해요. 따라서 생산직의 인력 부족과 인건비 상승의 문제를 해결할 수 있지요.

출처 : 인공지능 분야별 시장규모(2016~2025) 누적(AI산업동향)

공장뿐만 아니라 엔터테인먼트 로봇이나 의료로봇, 식당 내 배달로봇, 안내로봇, 방역로봇 등 생활 속에 다양한 스마트 로봇이 활용되고 있으며, 이로써 삶의 질도 향상되었어요. 지금은 스마트폰이 없으면 불편하지만, 앞으로는 개인로봇이 없으면 불편한 시대가 올 것이라고 예상합니다.

많은 기업이 '로봇'을 미래 먹거리로 생각하고 있습니다. 2021년에는 로봇기업을 둘러싼 인수합병 열기가 뜨거웠지요. 대표적인 기업으로는 현대자동차가 보스턴 다이내믹스 지분 80%를 8억 8000만 달러(약 1조476억 원)에 인수했습니다. 보스턴 다이내믹스를 인수해 도로가 없는 길을 이동할 수 있도록 로봇기술을 접목하였으며, 공장이나 공사장을 순찰하거나 사고 현장에서 상황을 파악하고 현장에 음식물을 전달하는 임무를 수행하는 등 로봇 개인 스팟을 활용, 다양한 분야에 적용하고자 개발하고 있습니다.

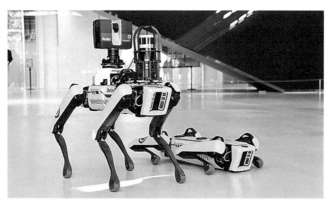

출처 : 보스턴 다이내믹스의 2족 보행로봇 아틀라스, 스팟 (현대차그룹)

인공지능과 로봇의 관심사는 CES 2022에서도 엿볼 수 있습니다. '미래의 더 나은 일상'이라는 모토로 LG전자는 인공지능, 모빌리티, 로봇 등의 미래 비전을 제시했습니다.

'LG 옴니팟(LG OMNIPOD)'은 인공지능을 기반으로 한 미래 자율주행차의 콘셉트 모델을 소개했어요. 두산그룹은 협동로봇, 수직이착륙 드론 등을 선보였으며, 두산 로보틱스는 앞으로 많은 영역에서 마주하게 될 로봇과의 유쾌한 일상을 퍼포먼스를 곁들여 소개했습니다. SK텔레콤은 '사피온(SAPEON)'이라는 국내 최초로 자체 개발한 세계 최고 수준의 AI 반도체를 개발해 영상 데이터를 처리하는 하드웨어 인프라에서부터 소프트웨어 알고리즘, 5G 네트워크를 아우르는 기술로, 누구나 손쉽게 이용할 수 있도록 했습니다.

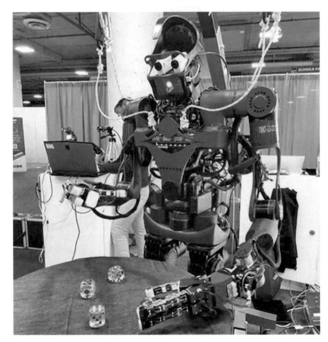

출처 : 원격 제어로봇 '도깨비'(조선경제)

한국과학기술연구원(KIST)은 사람의 뇌로 로봇을 제어하는 식사보조 로봇을 개발했습니다. 즉, 뇌-기계 인터페이스를 기반으로 뇌파를 통해 사용자의 의도를 실시간으로 파악해 로봇을 제어하는 것이지요.

포스코 산하 연구기관인 포항산업과학연구원(RIST)은 인공지능 기반의 화재 감시 자율주행 로봇을, 서울대 융합과학기술대학원 다이로스는 원격제어 로봇인 아바타 로봇 '도깨비'를, 국내 로봇스타트업 트위니는 물류 운송용 서비스 로봇 나르고와 대상 추종 로봇 따르고 등 다양한 로봇이 개발되고 있답니다.

한국서부발전은 연료전지 발전설비에 24시간 감시가 가능한 인공지능(AI) 레일로봇을 설치하고 본격적인 운영에 들어갔습니다. 이번에 구축된 레일형 로봇 감시시스템은 24시간 자동주행에 따른 감시가 가능해 야간과 휴일 등 현장 운전원의 감시공백을 최소화할 수 있는 장점이 있습니다.

레일로봇은 인간의 시각, 청각, 후각 기능을 구현하고자 CCTV와 열화상카메라, 음향센서뿐만 아니라 일산화탄소(CO), 이산화탄소(CO_2), 메탄(CH_4) 누설을 감지하는 센서를 탑재하여 화재 징후를 사전에 인지하기 위한 딥러닝(Deep Learning) 기술과 연료전지 발전설비 구역 내 무허가 출입 인원에 대한 자동 추적 기술도 적용했습니다.

이를 통해 감지된 이상 상황은 설비 담당자에게 즉시 문자로 전송돼 실시간 확인은 물론 즉각적인 조치가 가능합니다. 24시간 동안 실시간으로 설비의 고장과 이상 여부를 모니터링할 수 있는 레일로봇은 인력 투입이 원활하지 못한 소규모 신재생 발전단지 등에서 활용도가 높을 것으로 기대되고 있습니다.

02

앞으로 인공지능·로봇 산업은
어떤 변화가 있을까?

우리가 생각했던 미래들이 생각보다 더 빠르게 삶의 곳곳에서 활용되고 있다는 것을 확인했죠? 그 발전 중심에 인공지능(AI)이 있습니다. 최근 AI 기술은 데이터 분석을 통해 비즈니스뿐만 아니라, 사회 전반에 활용되어 편리하게 살아갈 수 있도록 도움을 주고 있어요.

지금까지 AI는 많은 데이터를 분석해 예측하는 데 뛰어난 능력을 보여 왔습니다. 처음에는 우리가 많은 데이터를 입력해 이를 바탕으로 의미 있는 값을 추출하고 의사결정을 하는 데 도움을 얻었다면, 앞으로는 AI가 스스로 정보를 분석하여 다음에 일어날 상황을 예측할 뿐만 아니라, 그 정보를 기반으로 실행합니다.

데이터를 매우 효율적으로 사용할 수 있는 능력과 함께 전략을 세우는 일까지 자율적인 능력이 연구되고 있습니다. 지금은 디지털 마케팅 분야에서도 많이 볼 수 있는데 소비자의 구매 취향을 고려해 구매할 수 있도록 제품 추천도 가능하겠죠.

AI와 사람의 차이를 살펴보면, 사람은 스스로 목표를 세우고 우선순위를 조절하면서 여러 목표와 계획이 있어도, 그 사이의 균형을 맞추고 밸런스를 조정하면서 목표를 달성해 나갑니다. 하지만 대부분의 AI 프로그램은 하나의 목표 달성에 최적화되어 있어, 여러 가지 일을 진행할 때 갑자기 예상치 못한 다른 문제가 발생할 경우에는 대처가 어렵습니다. 이런 문제를 해결하기 위해서 AI에 여러 목표를 최적화하고 목표 간의 균형점을 찾을 수 있도록 훈련하고 있습니다.

AI 운전자는 지점까지 도착하는 데 최단거리만 선택하는 것이 아니라 공사, 사고, 교통체증 등의 상황을 고려해 최적의 길로 이동할 수 있으며, 임산부나 어린이가 탑승해 어지러움을 호소할 경우 승차감이 편한 길을 선택해 운행할 수 있도록 제어할 수도 있습니다.

출처 : 로보티즈

많은 사람이 인공지능의 발전으로 일자리를 빼앗길까 봐 걱정합니다. 하지만 이는 앞으로의 변화를 단편적으로 해석해서 나타나는 현상이라고 생각합니다.

최근 서비스 현장에 무인점포가 늘어나고 있어요. 무인식당, 무인카페, 무인편의점 등이 등장하면 아르바이트생을 고용하지 않아 그 산업에서 일자리가 없어질 것이라고 생각할 것입니다.

하지만 계산원으로 일을 했다면 상품 정리나 청소 쪽으로 일을 할 수도 있어요. 그리고 새로운 제품이 출시될 때 소비자들의 평가를 알아야 하기에 새로운 일자리가 생겨나게 됩니다. 또한 아르바이트를 하던 2030 세대들은 소자본으로 무인점포를 창업할 수도 있어요. 이처럼 새로운 분야의 일자리가 생겨날 것입니다.

출처 : 언커먼스토어, 세븐일레븐 DT랩 스토어, 이마트24 AI 무인 주류 판매기, 아이스Go24
AI 무인 주류 판매기(왼쪽 위부터 시계방향으로) (AI타임즈)

03

인공지능 로봇 산업의
신기술

대기업뿐만 아니라 벤처 회사들도 인공지능과 로봇의 새로운 기술을 개발하기 위해 노력하고 있어요. 이를 위한 개발자를 선점하기 위해 고연봉을 제시해도 인재 확보가 어려워 자체적인 개발자를 양성하기 위한 사내대학을 만들고 있는 추세입니다.

카카오의 AI전문 자회사인 카카오브레인은 2022년 문자와 이미지를 동시에 이해하는 초거대 AI모델을 공개했습니다. 초거대 AI는 대용량의 연산과 대규모 데이터 학습을 통해 인간의 뇌처럼 자율적으로 사고하고 종합적인 추론, 창의적인 답변이 가능한 AI를 말합니다. 현재 카카오브레인은 한국어 특화 AI 언어모델인 '코지피티(KoGPT)'와 초거대 AI멀티모달(복수의 의사소통 채널을 가진 AI) '민달리(minDALL-E)'가 있습니다. 민달리는 텍스트를 입력하면 실시간으로 이용자가 원하는 이미지를 도출해내는 AI입니다. 문자, 이미지, 영상 등을 동시에 이해할 수 있는 '멀티 모달리티 AI'는 이미지를 문장으로 표현하거나 문장에 맞는 이미지를 찾아내는 기술을 통해 편리하게 사용할 수 있도록 도움을 제공하고 있어요.

일론 머스크 테슬라 최고경영자(CEO) 등이 주도해 설립한 '오픈 AI'는 2020년 1750억 개 파라미터(매개변수)로 구성된 'GPT-3'를 공개했어요. 마이크로소프트

(MS)사는 프로그래밍이 능숙하지 않은 사람들을 위해 말하듯이 쓴 문장을 입력하면 인공지능(AI)이 코딩을 대신해 주는 기술을 선보였어요.

파워 플랫폼은 파워앱스 외에도 데이터분석도구 '파워BI', 챗봇 제작도구 '파워버추얼에이전트', 로봇프로세스자동화(RPA) 솔루션 '파워오토메이트' 등을 개발하고 다양한 플랫폼에 적용해 그 활용성을 높이고 있답니다.

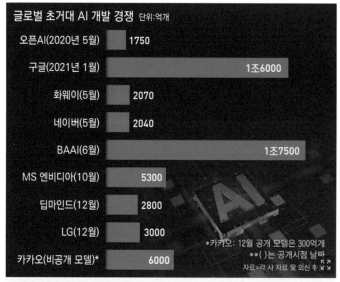

12월 기준 기업별 초거대 AI의 파라미터 수. /그래픽=이은현

출처 : 동아일보

국내 기업 LG에서는 초거대 AI인 '엑사원(EXAONE)'을 공개했어요. 언어, 이미지, 영상 등 인간의 의사소통 관련 정보를 습득하고 다룰 수 있는 멀티 모달리티 능력을 갖춘 초거대 AI로 세계적 우위를 점하기 위해 노력하고 있답니다.

네이버는 자체 개발한 초거대 AI '하이퍼클로바(HyperCLOVA)'를 선보였는데 'GPT-3'보다 한국어 데이터를 6,500배 이상 학습한 한국형 초거대 언어모델로 학습 데이터의 한글 비중이 무려 97%에 도달할 정도로 우수한 결과를 보여줍니다. 이는 미국과 중국이 AI기술의 강국이지만 한국어 AI라는 부분에서는 충분한 경쟁력을 갖췄다고 볼 수 있습니다.

국내 기업의 주요 초거대 인공지능(AI) 기술

자료: 각 사

	초거대 AI	특징
카카오브레인	코지피티(KoGPT)	▪ 한국어 특화 AI 언어모델 ▪ 구글 텐서 처리장치 활용, 연산속도 고도화
	민달리(minDALL-E)	▪ 1400만 장의 텍스트·이미지 세트 사전 학습 ▪ 텍스트 명령어 입력하면 실시간 이미지 생성
네이버	하이퍼클로바(HyperCLOVA)	▪ 2040억 개에 이르는 매개변수(파라미터) ▪ 학습 데이터의 한글 비중 97%, 한국어 집중 교육
LG	엑사원(EXAONE)	▪ 언어·이미지·영상 등을 다루는 멀티 모달리티 능력 ▪ 제조·연구·교육·금융 분야 상위 1% 전문가 목표

출처 : 동아일보

☑️ 로봇시장에 대해 알아볼까요?

국제로봇연맹(IFR)이 발표한 2020 글로벌 로봇 시장자료를 분석해 보면, 2020년 세계 산업용 로봇시장 규모는 144억 달러(약 17조원) 규모로 예상했으며, 2021년부터 2024년까지 연평균 6% 이상 꾸준히 성장할 것으로 예측했습니다.

이는 2015년~2020년까지 연평균 성장률 9%에 비하면 조금 낮아진 수치이지만, 산업용 로봇 수요 증가는 앞으로도 계속될 것으로 보입니다. 전체 로봇시장

(약 30조 3,578억 원)에서 산업용 로봇이 차지하는 비율은 56.5%로 여전히 압도적으로 높은 것이 사실입니다.

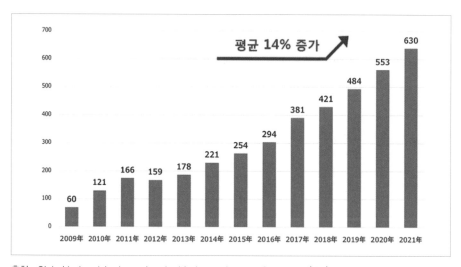

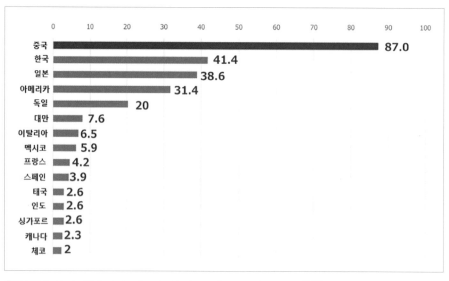

　전 세계적으로 서비스 로봇에 대한 수요나 전망은 아주 밝은 편입니다. 전문 서비스 로봇은 전년대비 12%, 개인 서비스 로봇은 16%까지 성장했습니다. 국제로봇연맹(IFR)이 발표한 2020 글로벌 로봇 시장자료를 분석해 보면, 2020년 세계 서비스 로봇시장 규모는 111억 달러(13조 2,146억원)로 전체 로봇시장에서 43.5%를 차지할 정도입니다. 이 중 전문 서비스 로봇과 개인 서비스 로봇이 6:4의 비율로 전문 서비스 로봇시장 규모가 큰 편이라는 것을 알 수 있습니다.

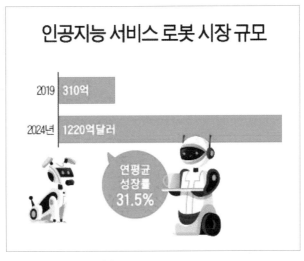

출처 : 스트래티지 애널리틱스

04

유망한 인공지능 로봇 기업

① 인간과 공존하는 AI로봇

요즘은 쇼핑몰이나 은행 등 다양한 곳에서 챗봇을 많이 이용하고 있어요. 그리고 혼자 집에 있는 독거노인들을 돕는 인공지능 로봇인 휴먼케어 로봇도 인기를 끌고 있지요.

앞서 말한 한국전자통신연구원(ETRI)의 휴먼케어 로봇은 고령자를 이해하고, 정서적으로 반응하며, 상황에 맞는 개인 맞춤형 서비스를 제공해요. 고령자의 일상 행동을 인식하는 기술, 고령자 외형특징 인식 기술 등 13개의 고령자에 특화된 기술을 접목해 편리하게 사용할 수 있도록 도와주고 있어요.

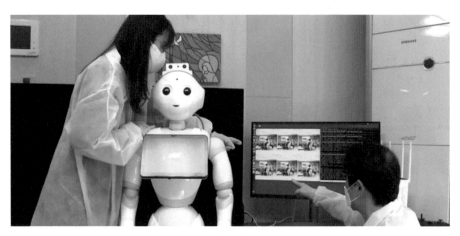

출처 : 고령자의 생활을 지원하는 인공지능 탑재 로봇(ETRI)

인공지능은 실시간으로 판단 및 결정을 내릴 수 있도록 로봇에 관련 정보를 제공합니다. 산업용 재고 로봇은 자신의 위치는 물론, 재고 위치, 재고 수준, 주문품 회수를 위한 순서, 다른 로봇의 위치 등 현장 주변을 탐색합니다. 이처럼 무인 물류로봇 시장은 우리와 공존하면서 점차 확대되고 있습니다.

엔델레 그룹의 분석가인 롭 엔델레(Rob Enderle)에 따르면, 무인 로봇시장은 올해 약 1,030억 달러의 가치가 있으며, 오는 2025년까지 2배 이상 늘어난 2,100억 달러가 될 것으로 예측합니다. 엔델레 그룹은 AI를 활용한 로봇 자동화 프로세스(RPA)로 반복 가능한 다양한 작업을 대량으로 처리하고 있습니다.

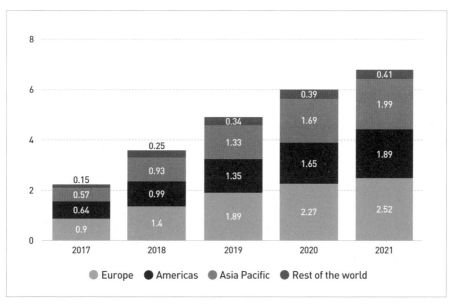

출처 : 세계 지역별 물류로봇 시장(Statist)

이 외에도 중국 AI 스타트업 니모가 만든 'AI 니모'는 세계 최초의 가정용 반려로봇이며, UBTECH 로보틱스는 '팬더 로봇'(Panda Robot)과 대형 휴머노이드 서비스 로봇인 '워커(Walker) X' 등 AI 기술을 활용해 인간을 닮은 로봇으로 사람들과 함께 생활할 수 있는 분야에서 발전하고 있답니다.

② 안드로이드, 휴머노이드 로봇

☑ 테슬라 봇에 대해 알고 있나요?

테슬라는 2021년 8월 온라인으로 열린 '인공지능(AI) 데이' 행사를 통해 자체 개발한 자율주행 기술과 슈퍼컴퓨터 도조(Dojo)에 관한 신기술을 선보인 가운데 행사 마지막에 인간 형태를 지닌 휴머노이드 로봇을 깜짝 공개했어요.

'테슬라 봇'(Tesla Bot)으로 불리는 휴머노이드 로봇은 172cm 키에 무게 56kg으로 인체와 닮은 휴머노이드 로봇입니다. 20kg가량의 물체를 들 수 있으며

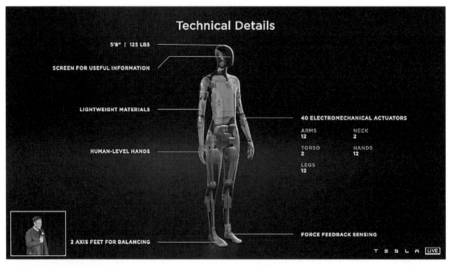

출처: 테슬라 봇(테슬라 유튜브)

시속 8km 속도로 걸을 수 있어요. AI를 활용해 사람과 대화하고 정보를 제공하는 등 비서 역할이 가능합니다.

테슬라 봇으로 활용된 반도체 FSD(Full Self-Driving) 칩은 테슬라 전기차에 사용되는 오토파일럿 기술을 발전시킨 것입니다. 사실 겉모습만 자동차에서 로봇으로 바뀌었을 뿐 내부를 구성하는 하드웨어의 반도체 FSD칩과 신경망 기술을 결합한 카메라 비전 시스템은 테슬라 전기차의 것을 상당수 활용하고 있습니다.

테슬라 봇은 테슬라의 AI 개발 경험과 축적된 데이터 처리 노하우를 자율주행 자동차 외 다른 분야에 활용할 가능성을 탐구하기 위한 시도를 하고 있답니다.

출처 : 반도체 FSD칩(테슬라)

국내 최초의 휴머노이드 '로봇 휴보(HUBO)'는 TV 뉴스앵커로 깜짝 등장해 화제를 모은 적이 있어요. 휴보는 언택트(비대면) 사회에서 변화하는 일상 속에 자리를 잡아가는 바리스타 로봇, 서빙 로봇, 수술 로봇 등의 활약상과 국내 로봇 연구현황 등을 소개해 시청자들의 많은 관심을 끌었어요.

휴보는 2004년 개발한 국내 최초의 인간형 로봇이랍니다. 휴보2는 뉴스를 진행하는 동안 간단한 동작을 선보였는데, 이는 휴보의 움직임을 원격으로 조정하는 수트를 착용한 연구진이 카메라 뒤에서 동작을 취하면 스튜디오에 있는 휴보가 그대로 따라 하는 기술을 적용해 이뤄졌어요.

미국 국방성 산하 방위고등연구계획국(DARPA)이 주최한 재난대응 로봇경진대회인 '다르파 로봇 챌린지(DRC)'에서 미국항공우주국(NASA), 매사추세츠공대(MIT) 등 세계 유수의 로봇 연구팀을 제치고 휴보가 1위에 올라 200만 달러(약 22억 원)의 상금을 차지할 정도로 휴머노이드 로봇 기술력이 향상되었어요.

③ 개인서비스용 로봇

☑ 내가 원하는 로봇은 어떤 종류?

최근 개인용 서비스 로봇의 수요가 높아지는 추세입니다. 인공지능의 도입으로 더 스마트하고 가격 또한 하락하고 있는 것이 주된 이유가 되겠죠. 따라서 점점 더 많은 사람이 개인용 로봇을 구매할 것을 대비해 다양한 로봇의 하드웨어와 소프트웨어를 개발하기 위해 기업들이 노력하고 있습니다.

한컴 로보틱스의 AI 기반 홈서비스 로봇 토키(Toki)는 아이들과 학습, 놀이를 함께하며 일상을 공유하는 최신 AI 기반 기술을 활용한 AI 에듀테인먼트 서비스 로봇입니다. AI 얼굴인식, 물체인식 및 음성 인식의 핵심 기술을 통합해 로봇의 상황별 인텔리전스를 추가해 주변 환경에 적응해 보다 개인적인 방식으로 사용자와 상호작용해 운영되고 있어요.

인텔리전스 : 문제해결 및 인지적 반응을 나타내는 개체의 총체적 능력을 말한다.

AI로봇 스타트업 회사인 카이테크의 혁신적인 지능형 코딩 로봇 '클릭봇(ClicBot)'은 걷기, 등산, 춤, 경주, 그림그리기, 그리고 게임도 할 수 있습니다. 로봇공학에 대한 실제적인 접근법을 제공해 자기주도적으로 개발할 수 있는 완벽한 동반자 역할을 할 수 있지요.

이 외에도 사람들의 건강을 케어해 주는 로봇이나 소프트뱅크 로보틱스의 AI 기반 자율주행 청소로봇 '위즈' 등 개인 서비스용 로봇들이 많은 관심을 받고 있답니다.

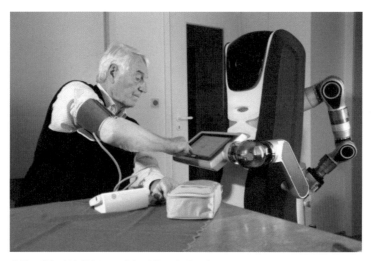

출처 : 케어로봇 '케어 오 보트' (프라운호퍼 연구소)

④ 퍼셉토의 자율검사 및 모니터링

☑ 퍼펙토에 자율검사와 모니터링까지 하는 로봇이 있다고요?

이스라엘의 퍼펙토 기업은 산업용 로봇공학으로 자율검사를 선도하는 기업입니다. AI 및 자율로봇 관리를 고급 시각데이터 분석과 통합시킨 '자율검사 및 모니터링(AIM)'을 통해 위험을 조기에 감지하고, 측정 정확도를 향상해 프로세스를 쉽게 파악하고, 더 나은 결과를 얻을 수 있도록 도움을 줍니다.

특히 '퍼펙토'의 AIM을 사용하면 사이트에서 운영자 없이 원격으로 심각한 장애를 방지하고 재해에 신속하게 대응할 수 있고, 다운 타임 없이 프로세스의 연속성을 보장합니다. 이 플랫폼은 포춘(Fortune)이 뽑은 전 세계 500대 기업에 가장 많이 채택된 시장에서 유일한 종단 간 자동검사 솔루션이에요.

포춘 : 미국의 격주간 종합 경제지로 1930년 2월에 《타임》지를 창간한 H.R.루스에 의해 창간되었다.

AIM플랫폼은 이스라엘 칼륨비료 공급업체 ICL 데

출처 : 퍼펙토

40

드시 시설에 퍼펙토의 '상자보관형드론'과 함께 활용해 현장에서 검사, 안전, 보안 임무를 수행해 지상뿐만 아니라, 공중에서 관찰, 점검해 생산효율을 극대화하는 데 활용합니다.

⑤ 제조용 로봇

☑ 국내 대기업의 제조 로봇 3강을 알고 있나요?

현대중공업그룹의 '현대로보틱스', 한화정밀기계의 '한화협동로봇', 두산그룹의 '두산로보틱스'입니다. 이들은 각각 제조용 로봇에서 기술력을 바탕으로 산업현장 곳곳에 자사의 로봇을 적용해 운영하고 있습니다.

'현대로보틱스'는 35년의 역사를 보유한 국내의 독보적인 1위 로봇업체입니다. 1984년부터 로봇사업을 시작해 2008년에는 차세대 용접 로봇, 2011년에는

출처 : 현대로보틱스

LCD용 로봇이 세계 일류상품으로 선정되기도 했어요. 2017년에는 스마트팩토리를 구축해 연간 8,000대의 로봇을 생산할 수 있는 설비를 갖출 정도로 우수한 기술력을 가지고 있답니다.

로봇사업팀으로 시작한 이후 산업용 로봇의 해외 진출을 가속화하고, 스마트팩토리, 스마트물류, 모바일 서비스로봇 등 신사업을 확대하여 2024년 매출 1조 원 달성을 목표로 하고 있습니다. 특히 스마트팩토리, 스마트물류자동화 등 신규 사업을 확대해 2024년까지 매출 비중을 30% 이상으로 끌어올릴 목표를 가지고 있어요.

최근 보스턴다이나믹스의 로보틱스 기술을 적용한 로봇개 스팟은 세계적인 그룹 BTS와 함께 춤을 추며 흥미를 끌었죠. 또한 경사로에서 40kg의 짐을 흔들리지 않고 운반할 수 있는 소형 모빌리티 플랫폼 모베드도 선보였습니다.

기존의 안내·서빙 로봇의 한계를 극복하고 도심과 실외에서의 활용성을 극대화하기 위해 이동성을 획기적으로 개선하는 방향으로 로봇을 개발하고 있어요.

출처 : 모베드(현대차)

한화협동로봇은 2018년에 한화정밀기계로 통합되었습니다. 이후 사람 팔처럼 생긴 한화 협동로봇은 노동자와 함께 작업하는 데 특화되어 있어요. 관절은 사람 팔보다 많으면서도 안전성이 담보돼 노동자와 함께 일하기 적합해요.

한화협동로봇 HCR 시리즈는 복잡한 프로그래밍 없이 사용할 수 있는 아이콘 기반의 인터페이스로 비전문가도 로봇을 사용할 수 있고, 설치가 간단해 편의성을 극대화한 것이 특징입니다. 이런 특징이 다품종 소량 생산을 하는 중소 제조기업의 자동화 도입에 도움을 주고 있어요.

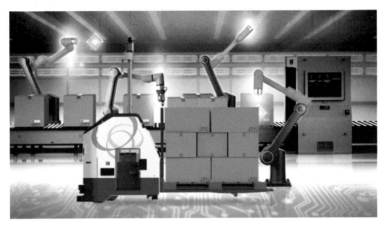

출처 : 협동로봇(한화)

두산그룹도 2015년 설립된 '두산로보틱스'로 협동로봇 시장을 공략하고 있어요. 협동로봇 연구를 4년간 진행해 총 4개 모델의 협동로봇을 자체 기술로 개발한 두산의 협동로봇은 작업자와 로봇 간 안전한 협업을 보장하는 충돌 감지력이 특징입니다. 사람들과 함께 활동하는 협동로봇에게는 꼭 필요한 조건이죠. 또 오차범위 0.1㎜의 반복 정밀도와 각 축에 탑재된 고성능 토크센서를 통해 사람처럼 섬세한 작업도 가능하답니다. 모델에 따라 최대 15㎏까지 물건을 들어 올릴 수도 있고, 최대 작업반경은 1.7m까지 가능합니다.

출처 : 두산로보틱스

⑥ 심장초음파 AI

☑ 로봇 AI 의사에 대해 알고 있나요?

미국에서 캡션 헬스의 AI 심장초음파 소프트웨어 캡션 가이드는 처음으로 FDA 승인을 받았습니다. 이는 성인 경흉부 2D 심장초음파를 찍고 소프트웨어로 심장 이상 여부까지 분석해 주고 있어요. 현재 테라테크 기업은 심장 초음파뿐만 아니라 다른 의료 영상까지 분석할 수 있을 정도로 발전하고 있어요.

테라테크 : 캡션가이던스 소프트웨어를 개발해 세계적 의료 초음파 영상을 분석하는 회사이다.

캡션헬스의 AI와 머신러닝 소프트웨어는 심장 이미지 사진과 영상을 빠르게 정리해 조기에 심장병을 발견할 수 있도록 돕고 있어요. 기존 초음파 심장단층

법보다 시간절약은 물론, 선명한 해상도를 나타낼 수 있어 진단에 더 효율적입니다.

심장단층법 : 초음파 에코로 심장 단층 이미지를 얻는 검사 방법이다.

이에 따라 AI와 기계 학습을 통해 가정의학 클리닉 등에 등록하면 초음파에 전문성이 없어도 유용한 2D 심장초음파를 확인할 수 있게 됩니다. 즉, AI 인터페이스가 실시간으로 이미지의 품질에 대해 피드백을 주고 자동으로 비디오 클립을 잡아줘 최적의 비디오 클립을 얻을 수 있어요. 하지만 아직은 환자에 대한 최종판단은 심장전문의가 결정해야 합니다.

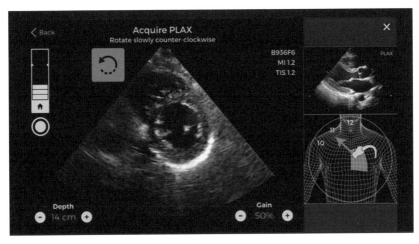

출처 : MedTech Dive

위암 1기에 걸린 60대 남성 A씨의 담당의사는 화면으로 수술 로봇 '다빈치 Xi'를 조종하여 흉터가 거의 남지 않고 통증도 거의 없을 정도로 수술해 환자가 수술 이틀째부터 물을 마실 정도로 빠르게 회복할 수 있었습니다.

미국 존스홉킨스대는 '스마트 조직 자율로봇(STAR)'을 개발해 돼지의 장을 봉합하는 장문합 복강경 수술을 인간만큼 정확히 수행하는 데 성공했습니다. 이처럼 수술 로봇의 발전이 매우 빠릅니다. 또한 초소형 크기의 '마이크로로봇'은 약물을 특정 부위에 정확히 전달하는 표적 치료에 사용할 정도로 발전했습니다. 특히 신경세포 전달용 마이크로로봇으로 중증 뇌질환인 치매나 뇌전증 등 신경계 질환 치료에도 사용 가능합니다.

⑦ 전문 서비스용 로봇, 클라우드 로봇

☑ 클라우드(Cloud) 로봇이라고 들어보았나요?

로봇이 스스로 사람의 의도를 파악해 작업을 수행하기 위해서는 다양한 데이터와 이를 분석할 수 있는 처리능력까지 필요합니다. 그러기 위해서는 로봇에 많은 저장공간이 필요해요. 이 문제를 해결하기 위해 클라우드를 활용하는 것이 바로 '클라우드(Cloud) 로봇'입니다.

세계 최대의 클라우드 서비스 제공기업인 아마존웹서비스(AWS)는 'AWS 로보메이커(RoboMaker)'라는 클라우드 솔루션을 개발했습니다. 이는 로봇 개발자가 로봇을 다양한 응용 프로그램에 활용해 개별 또는 동시 제어할 수 있도록 하는 시스템입니다.

마이크로소프트(MS)도 자율로봇을 위한 머신러닝 클라우드 플랫폼을 개발해 플랫폼 사용자가 인공지능 전문가가 아니더라도 로봇이 다양한 임무를 수행하고 프로그래밍할 수 있도록 구성하였어요.

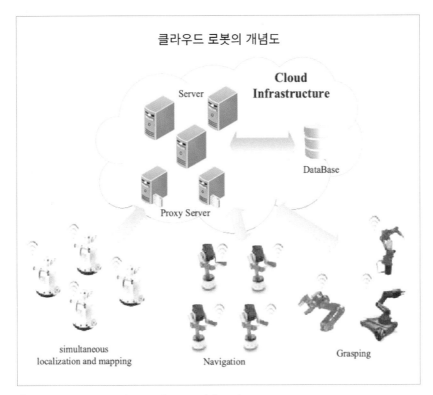

출처 : Cloud Robotics – Current Status and Open Issues

구글도 클라우드와 연동되고 개방형 자동화 솔루션 생태계를 구현하는 구글 클라우드 로봇 플랫폼을 개발하고 있는 것으로 알려졌어요. 이밖에 혼다, 소프트뱅크, IBM도 RaaS(Robot as a Service) 플랫폼을 개발하고 데이터 수집 및 공유, 통신 제어, 상태 변경 및 로봇 협력과 같은 공통 기능을 위한 인터페이스 및 패키지를 제공하는 등 지능형 로봇 시대를 대비하고 있답니다.

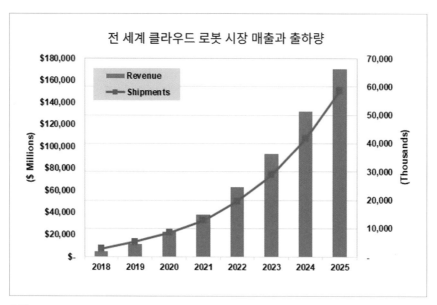

전 세계 클라우드 로봇 시장 매출과 출하량

출처 : Tractica

⑧ 푸드 테크 로봇

☑ 로봇이 만든 음식을 먹는다면 어떤 느낌일까요?

CES 2021 푸드테크 분야에서 올해 가장 주목을 받은 기업은 몰리 로보틱스 (Moley Robotics)로 '로봇 키친(Robot Kitchen)'을 공개했어요. 로봇 키친은 주방 천장에 양팔 로봇을 장착한 시스템으로, 버튼 한 번만 누르면 직접 음식을 요리해 제공합니다. 레시피에 따라 다양한 요리를 제공하며 요리가 끝나면 광학카메라를 활용해 떨어진 음식을 찾아 청소하고, UV 램프로 조리 공간을 살균까지 해 줍니다. 앞으로 꼭 필요한 로봇이 아닐까 생각합니다.

출처 : 로봇 키친(몰리 로보틱스)

삼성전자는 '삼성봇 핸디(Samsung Bot Handy)'와 '삼성봇 서빙(Samsung Bot Serving)'을 공개했어요. '핸디'는 스스로 물체의 위치나 형태 등을 인식해 잡거나 옮길 수 있으며, 식사 전 테이블 세팅과 식사 후 식기 정리 등 다양한 집안일을 돕는 가정용 서비스 로봇입니다. '서빙 로봇'은 쇼핑몰·음식점 등에서 주문과 결제, 음식 서빙까지 가능합니다.

그리고 엘스 랩스(Else Labs)가 개발한 요리 로봇인 올리버(Oliver)는 기존의 쿠커를 대신할 수 있는 제품입니다. 스마트폰 앱으로 레시피를 받은 후 이에 따라 각종 식재료를 6개의 통(Canister) 안에 넣고 스마트폰 앱으로 조작하면 식재료의 특성에 맞게 요리해 줍니다. 식재료가 익는 시간이 다르기 때문에 미리 프로그래밍된 순서에 따라 요리해 줍니다. 올리버는 온도 센싱 기술과 머신 비전 기술을 활용해 요리과정을 자동화할 정도로 발전했어요.

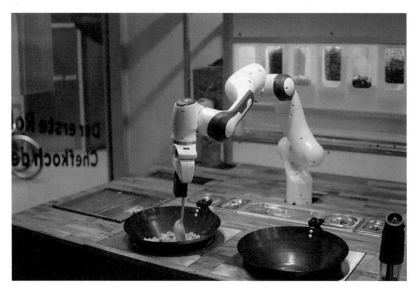

출처 : 다빈치 키친 로봇

그 외에도 아이윌 더 쿡은 회사에서 제공하는 밀키트를 이용해 한 끼 식사를 만들어주는 가정용 요리 로봇, 요-카이 익스프레스(Yo-Kai Express)를 개발했습니다. 이 로봇은 사용자가 터치스크린에서 원하는 메뉴를 누르면 다양한 종류의 라멘을 만드는 로봇입니다. 또한 시그마 페이스(Sigma Phase)의 콜드스냅은 아이스크림, 스무디, 칵테일의 일종인 마가리타 등을 추출해 주는 로봇입니다.

이처럼 다양한 기업들이 첨단기술과 식품 산업이 만나 태어난 푸드테크에 관심을 가지고 있답니다.

05

우리 지역에도
인공지능 로봇 클러스터가 있을까?

① 인천 로봇랜드

인천 로봇랜드는 산업통상자원부와 인천시가 로봇산업 혁신성장 지원을 위해 추진하는 대규모 국책사업으로, 로봇 관련 산업을 체계적으로 육성합니다. 인천 로봇랜드는 산업용 로봇, 서비스 로봇, 지능형 로봇을 아우르는 통합 로봇 산업 클러스터를 구축하고 있어요.

인천시는 교육용 로봇 전문기업인 ㈜로보로보의 본사와 연구소, 공장을 청라 국제도시에 조성하고 있는 인천 로봇랜드로 이전하기 위한 업무협약을 체결했어요. ㈜로보로보는 인공지능, 로봇, 코딩, 융합과학 전반에 걸쳐 개발부터 교육 서비스까지 제공하고 있는 국내 1위의 교육용 로봇기업입니다.

인천 로봇랜드는 청라국제도시 내 76만 9,279㎡ 부지에 로봇산업 혁신 클러스터와 테마파크 등을 조성하는 국책사업으로 로봇산업 연구개발, 제작·생산, 실증테스트를 아우르는 국내 최대로봇산업의 선두기지로 육성될 계획입니다.
로봇 관련 기업, 연구시설 등이 입주하는 산업시설과 전시, 체험, 교육을 아우르는 로봇테마파크, 단지 내 산업기능을 지원 업무시설, 로봇산업에 특화된 상업시설로 구성됩니다.

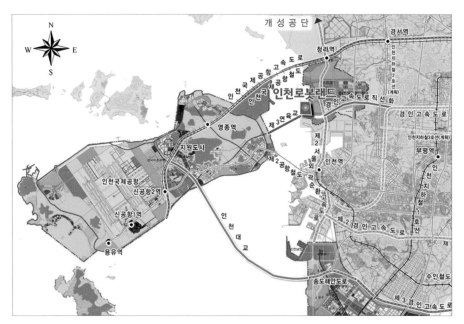

출처 : 인천시 로봇랜드 조감도

② 대구 로봇클러스터

대구시는 2015년 북구 노원동 3공단에 로봇산업진흥원을 유치하고 로봇산업을 지원하고 있어요. 로봇혁신센터, 협동화 팩토리, 로봇표준 시험·인증센터를 갖추어 로봇기업 창업과 제품개발, 시험·인증, 사업화 및 수출지원까지 성장단계별 서비스를 지원하고 있어요. 이후 2017년에 한국산업로봇진흥원 인근에 1만 2,091㎡ 규모의 국내 첫 로봇산업클러스터를 조성해 로봇도시 면모를 갖추었고, 클러스터에는 수도권 등 역외기업 19개를 포함해 38개 로봇 스타트업을 유치했어요.

출처 : 한국산업로봇진흥원

　대구시가 2017년부터 명실상부한 로봇 도시로 도약하게 된 계기는 산업용 로봇생산 국내 1위 업체인 현대 로보틱스를 유치하는 데 성공했기 때문입니다. 현대 로보틱스는 울산에서 대구 달성군 테크노폴리스로 본사를 이전하고 생산 규모도 2배 가까이 늘여 종전 연간 4,800여 대에서 8,000여 대로 생산능력을 확대했어요. 로봇생산 세계 2위인 야스카와전기(일본)가 성서산단에 공장을 가동하고, 세계 1위 기업인 ABB(스위스)와 3위인 쿠카(독일)는 영남이공대와 경북대에 각각 연구소를 둘 정도로 클러스터가 제대로 형성되어 더욱 발전할 수 있는 토대를 만들었어요. 그 결과 대구시 로봇산업의 매출액은 크게 증대되었고 인력고용 역시 활발하게 이루어졌습니다.

③ 광주 AI 클러스터

광주시는 2024년 AI 융복합지구, 인공지능 클러스터 완공을 목표로 하고 있어요. 국내 최대 글로벌 규모의 국가 AI 데이터센터를 설립해 전국 최초 지역산업과 글로벌 기업을 복합한 시장 허브를 형성하고 있어요. 기업이 원하는 우수한 인력과 다양한 연구개발, 일자리 창출, 저렴한 산업단지와 경제자유구역 지정으로 최상의 기업 환경을 지원합니다.

출처 : 광주광역시청_AI 클러스터의 예상 조감도

광주시는 세계적 AI 클러스터를 조성하기 위해 5대 중점 과제를 내세웠는데요. 그 다섯 가지 과제는 인공지능 집적단지 조성, 데이터센터 구축, AI+ 실증 테스트베드 구축, AI 실증 시범도시 조성, 데이터 산업융합원 설립입니다. 이를 위해 향후 5년간 약 4,000억 원의 예산을 투입해 첨단3지구 4만 6,200㎡ 부지에 집적단지를 조성할 예정입니다. 이로써 세계 최고 수준의 GPU기반 데이터센터가 구축되며 기업이 자유롭게 제품을 개발하고 시험할 수 있는 실증 테스트베드와 인공지능 연구기능을 수행할 수 있을 것입니다.

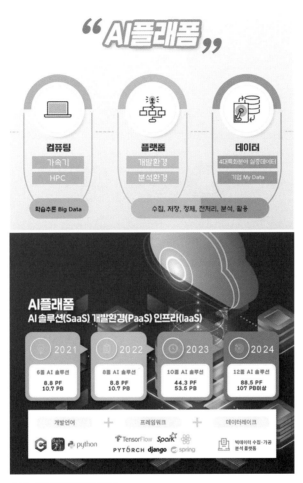

출처 : 광주경제자유구역청

　또한 광주형 인공지능 비즈니스 생태계를 조성해 AI 스타트업 육성 및 지원, AI 기업유치, AI 창업지원 펀드모금, 데이터 생산 및 가공과 활용을 위한 융합비즈니스 모델을 개발하고, 산업 융합형 AI 기술개발, 글로벌 시장진출 지원 등 6대 과제를 추진하고 있습니다.

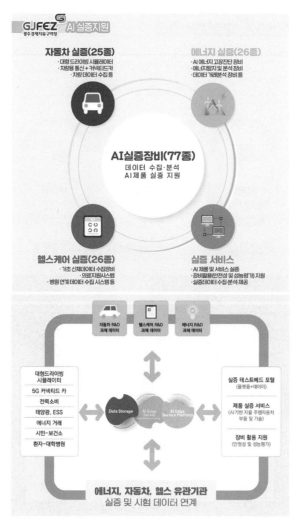

출처 : 광주경제자유구역청

　　광주시는 향후 10년간 20대 중점과제를 추진하며 개방형 데이터센터, 슈퍼컴
퓨팅 파워 등 세계적 수준의 AI 인프라를 구축할 예정입니다. 이러한 인프라가
조성된다면 약 1,000개의 AI 관련 기업이 창업해, 약 7,000개 정도의 일자리가
창출되고, 산업분야별 융·복합 AI 인재 5,150명이 양성될 수 있습니다.

인공지능 로봇
개념 사전

01

꼭 필요한
인공지능 개념

① 머신러닝(Machine Learning)

머신러닝을 또 다른 말로는 '기계 학습'이라고 합니다. 컴퓨터 과학 중 인공지능의 한 분야로, 패턴인식과 컴퓨터 학습 이론의 연구로부터 진화한 분야입니다. 머신러닝은 경험적 데이터를 기반으로 학습하고 예측을 수행하며, 스스로의 성능을 향상시키는 시스템과 이를 위한 알고리즘을 연구하고 구축하는 기술이라 할 수 있어요. 머신러닝의 알고리즘들은 엄격하게 정해진 정적인 프로그램 명령들을 수행하는 것이라기보다, 입력 데이터를 기반으로 예측이나 결정을 이끌어내기 위해 사용하는 기계학습이라고 보면 됩니다.

※머신 러닝의 알고리즘과 모델 데이터 입력과정

① **감독(Supervised) 학습** : 입력과 이에 대응하는 출력(인간 전문가가 제공)을 매핑(Mapping)하는 함수를 학습하는 과정이다.
② **비감독(Unsupervised) 학습** : 출력 없이 입력만으로 모델을 구축해 학습한다. 일반적으로 데이터 마이닝의 대부분의 기법이 이에 해당한다.
③ **강화(Reinforcement) 학습** : 학습자가 행동을 선택해 행동으로 환경에 영향을 미치고, 이에 대한 피드백으로 보상치를 얻어 학습 알고리즘의 가이드로 사용한다.

출처 : 두산백과

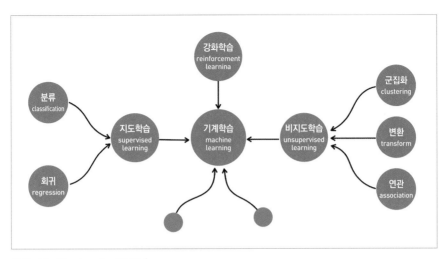

출처 : Machine learning(유튜브)

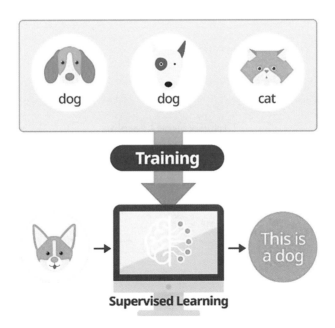

출처 : 정보통신용어사전(한국정보통신기술협회)

머신러닝에서 이야기하는 지도학습은 '기계를 가르친다'(Supervised)는 의미입니다. 이 학습은 우리가 문제집으로 공부를 하는 것과 비슷합니다. 문제를 풀고 답안지를 보면서 정답을 확인하고 틀린 문제들은 계속 반복해 나중에는 그 문제 풀이에 익숙해집니다. 이후에는 비슷한 문제를 보게 되면 오답에 빠질 확률이 점점 낮아지게 되는 거죠. 이와 같은 방법으로 컴퓨터를 학습시켜서 모델을 만드는 방식을 '지도학습'이라고 합니다.

지도학습의 예로, 영상 처리가 가장 대표적이라고 할 수 있습니다. 개, 고양이와 같은 학습 데이터를 학습기에 넣어 이미지를 인식시켜 구분할 수 있는 것입니다.

비지도 학습(Unsupervised Learning)은 학습 데이터가 없는 상태에서 오직 입력 데이터만 이용해서 컴퓨터가 스스로 학습하는 방법입니다. 비지도 학습은 입력된 데이터를 비슷한 그룹으로 묶어 예측하는 것으로 뉴스 기사 분류, DNA 분류, SNS 관계 분류 등 많은 분야에 응용됩니다.

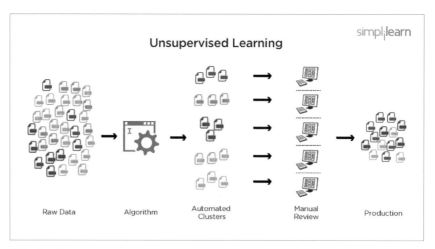

출처 : simplilearn

비지도 학습은 예측이 목적이 아니라, 데이터의 구성 또는 특징을 밝히는 목적으로 사용되는 그룹핑 알고리즘이라고 생각하면 됩니다.

강화학습(Reinforcement Learning)은 행동에 대한 보상을 받으며 학습해 어떤 환경 안에서 선택 가능한 행동들 중 보상을 최대화하는 행동 또는 행동 순서를 선택하는 방법입니다. 강화 학습의 예로 게임이 가장 대표적이라고 할 수 있습니다.

② 데이터 사이언스(Data science)

데이터 사이언스를 이야기하면 통계학인지 컴퓨터과학인지 궁금해하는 사람들이 많습니다. 데이터 사이언스(Data science)란, 데이터 마이닝(Data Mining)과 유사하게 정형, 비정형 형태를 포함한 다양한 데이터로부터 지식과 인사이트를 추출하는데 과학적 방법론, 프로세스, 알고리즘, 시스템을 동원하는 융합 학문입니다.

사실 데이터 사이언스는 복합적인 기술을 요구합니다. 웹의 수많은 데이터를 가져오고 분석해야 합니다. 양이 엄청나게 많기 때문에 프로그래밍 능력이 있어야만 대규모의 데이터를 다룰 수 있죠. 또 데이터를 분석하는 과정에서는 수학적, 통계적 지식 또한 필요합니다. 데이터에 대한 전문성뿐만 아니라 사람들에게 관련 정보를 효과적으로 전달하기 위해 시각화할 수 있는 능력도 중요합니다. 표나 수치로 된 자료일 때는 확인할 수 없는 흐름을 읽어야 하기 때문에 데이터과학자는 다양한 영역에 대한 융합된 지식이 있어야 효율적으로 임무를 수행할 수 있어요.

출처 : 드류 콘웨이의 데이터과학 벤다이어그램(DATA NET)

③ 빅데이터(Big data)

빅데이터란 우리가 흔히 쓰는 단어로 많은 데이터를 의미합니다. 즉, 디지털 환경에서 생성되는 데이터로 그 규모가 방대하고, 생성주기도 짧을 뿐만 아니라, 형태도 수치 데이터와 문자, 영상 데이터를 포함하는 대규모 데이터를 말합니다.

빅데이터 환경은 사람들의 행동은 물론, 위치정보와 SNS를 통해 사람들의 생각과 의견까지 분석하고 예측할 정도로 발전되고 있어요.

현대제철은 제품의 품질을 관리하고 공정의 효율을 높이기 위해 빅데이터를 활용하고 있는데요. 현대제철이 주목한 빅데이터 중 하나는 '날씨'입니다. 기상청도 아닌 제철 기업이 왜 날씨에 관심을 갖는 것일까요? 바로 철강 때문입니다. 철강제품은 최적의 온도와 습도에서 생산되어야 합니다. 온도 차이로 인해 물건의

표면에 '결로'가 발생하면 녹이 슬거나 얼룩이 생겨 품질 불량으로 이어질 수 있기 때문이죠. 현대제철은 온도 뿐만 아니라 철강제품의 중요한 원료 중 하나인 철스크랩 관리와 작업자의 노하우까지 빅데이터에 담아 효율적으로 관리되고 있어요.

출처 : 빅데이터 스마트 엔터프라이즈 구축(현대제철)

④ IoT(Internet of Things)

사물인터넷은 각종 사물에 센서와 통신 기능을 내장해 인터넷에 연결하는 기술을 말합니다. 인터넷으로 연결된 사물들이 데이터를 주고 받으면서 스스로 분석하고 학습한 정보를 사용자에게 제공하거나 사용자가 이를 원격으로 조정할 수 있는 기술을 말하죠. 기존의 인터넷이 컴퓨터나 무선 인터넷이 가능했던 휴대전화들과 결합해 구성되었던 것과는 달리, 사물인터넷은 책상, 자동차, 가방, 나무, 애완견 등 세상에 존재하는 모든 사물이 연결되어 구성된 인터넷이라 할 수 있어요.

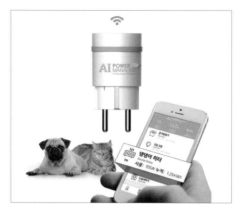

출처 : IoT 스마트플러그 원격제어(AI파워매니저)

영국 의료장치 메이커인 엘루시드 헬스(Elucid Health)사가 개발한 스마트 약병은 보기에는 일반 약병과 다를 게 없지만, 미리 지정된 시간에만 열리는 장치가 내장돼 있어요. 이 특수 약병은 정해진 시간이 되면 복용자에게 스마트폰 앱을 통해 알림을 보내고 복용자가 응답을 해야 약을 방출하는 구멍을 엽니다. 그리고 복용자가 약병을 기울이면 정해진 용량에 따라 약을 제공한 뒤, 다시 다음 투약시간까지 철저하게 입구를 봉쇄해 버립니다. 혹시나 모를 과용량 복용을 차단하기 위함이죠.

출처 : 약 시간 알려주는 스마트 약통 (데일리 메일)

투약 장치는 알약이나 캡슐의 모양과 크기에 맞게 조절이 가능하고, 투약 자료는 중앙 데이터베이스에도 보내집니다. 만약 한 차례 투약을 빼먹거나 일정시간 투약이 이루어지지 않으면 복용자에게 메시지가 전해지는 동시에 중앙 데이터베이스에도 정보를 보내고 복용자의 주치의에게도 이 사실이 전달되는 특징이 있어요. 최근 노인들이 겪고 있는 만성질환이나 치매의 경우에는 약만 제시간에 복용해도 병을 더디게 진행시키거나 예방할 수 있기 때문에 상용화되면 많은 도움이 될 것으로 예상하고 있습니다.

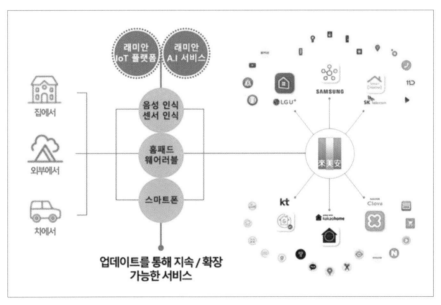

출처 : 래미안 A.IoT 플랫폼의 개념도

⑤ 회귀분석(Regression analysis)

관찰된 연속형 변수들 사이의 모형을 구한 뒤 적합도를 측정해 내는 분석방법입니다. 회귀분석은 시간에 따라 변화하는 데이터나 어떤 영향, 가설적 실험, 인과관계의 모델링 등의 통계적 예측에 이용될 수 있어요.

우리는 데이터 기반 결정을 내려야 한다는 것을 알고 있지만 수백만 또는 수조 개의 데이터 포인트가 있는 경우, 어디서부터 시작해서 결론을 내려야 할지 잘 파악이 되지 않습니다.

인공지능(AI)과 머신러닝(ML)은 몇 시간 만에 엄청난 양의 데이터의 구문을 분석해 이해하기 쉽게 만들어줍니다. 이 분석과정을 회귀분석이라고 해요.

회귀분석을 시작하기 위해 데이터 사이언티스트는 변수에 대해 필요한 모든 데이터를 수집해야 합니다. 분석에서 Y축에는 항상 종속변수 또는 테스트하려는 항목을 포함하고, X축은 독립변수를 사용합니다. 회귀선은 공식을 사용해 예측하는데 $Y = A + BX$라는 식을 활용하죠.

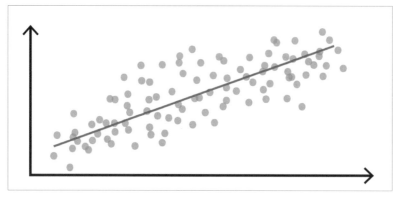

출처 : 네이버 지식백과

66

데이터 사이언스에서 정교한 프로그램은 이러한 모든 계산을 1초 만에 실행해 매우 정확한 데이터 기반 예측을 생성합니다. 일반적으로 회귀분석은 현상을 시도하고 설명하거나 미래의 사건을 예측하고, 제조 및 배송 프로세스를 최적화할 수 있습니다. 오류를 해결하고, 새로운 통찰력을 제공하기도 하는 등 활용도가 높습니다.

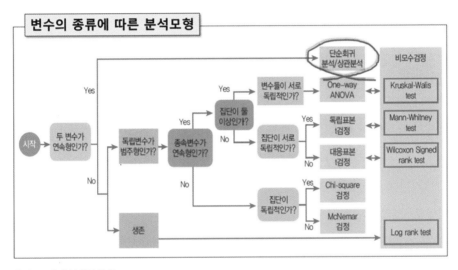

출처 : 통계의 분석의 활용

꼭 알아야 하는
로봇 용어

① 그리퍼(Gripper)

물체를 잡기 위한 메커니즘에 의해 구동되는 기계적 손가락(Mechanical finger)을 이용한 말단장치를 이야기합니다. 사람의 동작을 흉내 내는 동작감지기이며, 자동화 모션에서 사람의 손가락과도 같은 역할을 합니다.

그리퍼는 물체를 쥐거나 놓을 수 있는 능력을 가지며, 일정 동작을 수행할 수 있어요. 그리퍼에서 물체를 잡기 위해 사용되는 부분은 전문화된 맞춤형 공구로 Jaw(턱)라고 합니다. 그리퍼는 물체를 쥐기 위한 방법으로 가장 간단하고 가장 짧은 스트로크 길이를 필요로 하며, 그리퍼의 턱이 닫히면 그 닫는 힘으로 물체를 쥘 수 있어요. 일부 적용분야에서는 물체의 기하학 또는 물체의 외부로부터 접근 시 물체를 중심으로부터 쥐도록 합니다. 이런 경우는 그리퍼의 여는 힘으로 물체를 쥐게 됩니다.

최근에는 문어처럼 다리로 감싸 빨판으로 잡는 만능로봇 그리퍼가 개발되었어요. 유연한 그리퍼 표면의 미세 와이어 구조가 물체에 의해 눌리면, 그리퍼가 물체 방향으로 오므라든 뒤, 빨판을 닮은 그리퍼 표면의 유연한 구멍들이 물체의 세부적인 형상에 따라 변화하며 강하게 흡착하게 됩니다. 파지 후에는 외곽

부분을 다시 단단하게 만들어 유연함과 딱딱함을 자유자재로 활용할 수 있어요. 그 결과 호떡 뒤집기, 붓글씨 쓰기, 백신 바이알 주사 다루기 등 복잡한 작업을 하나의 그리퍼로 수행할 수 있어요.

바이알(Vial) : 유리나 플라스틱으로 만들어진 작은 병으로 액상으로 된 의약품 및 파우더, 알약 등을 보관하는 병이다.

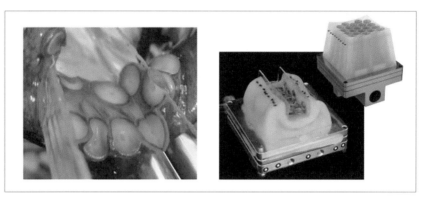

출처 : 문어 빨판 구조 모사한 그리퍼(한국기계연구원)

② 기계번역(Machine Translation)

서로 다른 두 개의 자연어, 즉 영어와 한국어 사이, 혹은 일어와 한국어 사이의 번역을 컴퓨터와 소프트웨어가 자동적으로 해 주는 것을 기계번역이라고 합니다.

☑ 기계번역은 언제부터 시작됐을까요?

1948년 미국의 수학자인 위렌 위버가 과학자들과 함께 자동번역 실험을 처음 시도했어요. 1954년에는 미국 조지타운대학교와 IBM이 러시아어를 영어로 번역하는 기술을 개발했는데, 문법 규칙이 6개이고, 250개의 어휘로 구성된 시스템이었죠. 1990년대에는 자동 통번역 기술이 발전하였지만 당시의 기술로는 번역 결과의 품질이 매우 낮아 활용이 되지 못했어요. 하지만 2016년 알파고로 인해 기계번역의 품질이 엄청나게 향상되었습니다.

이후 인공지능에 대한 기술 성숙도가 높아졌음을 확인한 이들에 의해 기계번역 기술이 발전되었고, 딥러닝 기반의 신경망 기계 번역(NMT, Neural Machine Translation) 방식이 도입되었습니다. 그 결과, 기존의 통계 기반 번역(SMT, Statistical Machine Translation) 방식과 달리 전체 문장의 맥락과 문맥의 차이까지 반영해서 번역하는 기술이 구현되었어요. 이로 인해 번역 결과물은 획기적으로 개선되었습니다.

그와 함께 실제 시장규모도 기술의 변화에 맞추어 급성장하고 있습니다. 글로벌 리서치 컨설팅 기업인 그랜드뷰 리서치(Grand View Research)에 따르면 2012년 7,890만 달러에 불과했던 기계번역 시장규모는 변곡점을 맞은 2016년 4억 3,300만 달러로 성장했으며, 2022년에는 9억 8,330만 달러를 기록할 것으로 예상하고 있습니다.

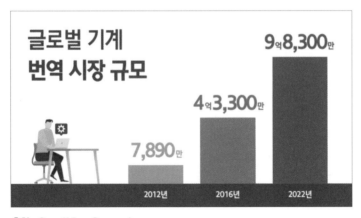

출처 : Grand View Research

현대자동차그룹은 작년 12월, 한국어와 영어로 커뮤니케이션할 수 있는 인공신경망 기반의 기계 번역 모바일 애플리케이션인 'H-트랜스레이터(H-Translator)'를 공개했어요. H-트랜스레이터는 자동차 산업에 특화된 번역 앱입니다. 자동차와 관련된 번역 데이터를 최대한 확보하고, 결재 및 사내게시판 문서나 자동차 전문 용어사전과 같은 데이터도 학습해 자동차 산업에 최적화된 번역 엔진을 만들었어요. 사실 자동차 분야는 어려운 어휘들이 많은데, 이 앱을 활용하면 쉽게 해결할 수 있습니다.

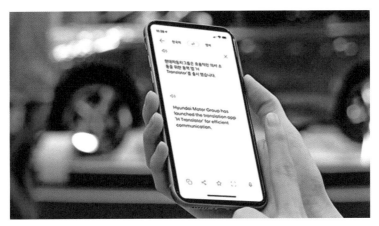

출처 : H-트랜스레이터(현대자동차그룹)

③ 액츄에이터(Actuator)

로봇의 관절에 사용되는 전동모터를 액츄에이터(Actuator)라고 하는데, 구동장치를 의미하며 로봇을 동작시키는 가장 중요한 부품입니다.

인간이나 동물이 다양한 동작을 할 수 있는 건 많은 관절을 가지고 있기 때문인데, 로봇도 관절의 개수가 많을수록 자연스럽고 다양한 동작을 할 수 있게 됩니다. 로봇에 많은 관절을 자연스럽게 사용하기 위해서는 구동장치인 액츄에이터가 다양한 기능을 가지고 있어야 가능합니다.

정밀하게 움직일 수 있도록 제어할 수 있어야 하고, 움직이는 동안 관절에 무리가 가지 않는지 확인도 할 수 있어야 합니다. 많은 관절을 가지고 있어도 에너지 소모가 크지 않아야 하고, 제어기를 효율적으로 조절할 수 있어야 제동이 필요한 상황에 제대로 멈출 수 있어요.

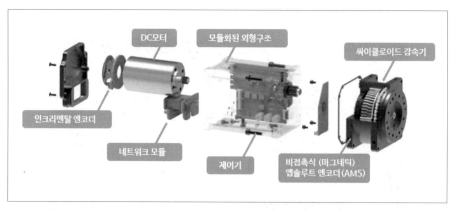

출처 : 로보티즈

④ 갠트리 로봇
갠트리 로봇은 직교 로봇이라고도 합니다. 우리가 생각하는 로봇과는 전혀 다른 이미지를 가지고 있어요. 고정로봇이며 일반적으로 최소 3개의 동작요소를 포함합니다. 이 경우, 각 운동은 단일 방향의 선형 운동을 합니다.

갠트리 로봇에서 이러한 각 동작은 서로 직교하도록 배열되며 일반적으로 X, Y 및 Z로 표시됩니다. X 및 Y는 수평면에 위치하고 Z는 수직입니다. X와 Y는 상자의 너비와 길이이고, Z는 상자의 높이라고 생각하면 됩니다. 이 상자의 내부를

갠트리 로봇의 작동범위라고 합니다. 갠트리 로봇은 엔벨로프 내의 어떤 곳으로
든 물건을 옮길 수 있습니다.

출처 : 갠트리 로봇 암 3D 모델

갠트리 로봇의 일반적인 응용분야는 장치의 조립입니다. 이 작업을 수행하는
갠트리 로봇을 '픽 앤 플레이스 로봇'이라고도 합니다. 장치에 필요한 구성요소
는 어떻게든 갠트리 로봇의 작업영역으로 가져오고 갠트리 로봇은 각 구성요소
를 픽업해 조립 중인 장치에 부착하거나 배치해요. 조립되는 장치는 또한 갠트리
로봇의 작동 범위 내에 있어야 합니다. 다양한 유형의 그리퍼를 Z방향 모션의 끝
부분에 볼트로 고정해 부품을 쉽게 잡을 수 있지요. Z 방향 모션과 작업 영역 모
두에 회전 모션을 추가해 더 큰 부품 조작이 가능합니다.

⑤ 퍼지논리

퍼지논리란 모호한 판단이나 말을 다루는 논리 체계입니다. 'FUZZY'의 뜻은 원래 '솜털 모양의 보풀', '솜털로 뒤덮인'이지만, '모호한', '불분명한'이라고 이해하면 됩니다. 퍼지집합, 퍼지시스템 등과 같이 '퍼지'라는 이름이 붙은 이론은 그 대상에 대한 판단이 모호하거나 불분명할 때를 말합니다.

퍼지논리는 '참'과 '거짓' 사이에 무수한 중간을 인정합니다. 그래서 이론상 무한히 많은 '중간의 진리치'를 인정해 '진리치'를 하나의 연속치로 만들죠. 즉, 퍼지논리는 모호한 것을 연속적인 것으로 만든다고 생각하면 됩니다. 이처럼 무수한 진리치를 허용하는 '다치 논리'는 모호한 명제의 진리를 0과 1사이의 무수한 실수로 세분한 다음, '참이다'라는 진리치도 세분화합니다.

☑ 퍼지이론을 간단한 사례로 알아볼까요?

10명의 학생들의 몸무게를 조사하는 경우 몸무게가 적게 나가는 학생이 40kg이고, 가장 많이 나가는 학생이 60kg이라고 하면 10명의 몸무게 평균을 50kg이라고 할 수 있습니다. 그러면 '49kg의 학생은 가볍다'라고 말하고, '51kg의 학생은 무겁다'라는 결과가 나옵니다. 하지만 퍼지이론이 적용된 후에는 소속도를 참고해 49kg은 '조금 가볍다', 51kg은 '조금 무겁다'라고 구별할 수 있어요. 이렇게 이분법적인 결론에서 벗어나도록 한 퍼지이론은 컴퓨터에 다양하게 적용되고 있습니다.

퍼지이론은 로봇, 엘리베이터, 음성인식 장치 등에서 실용화되어 완벽한 인공지능 시스템을 만들기 위해 연구되고 있습니다.

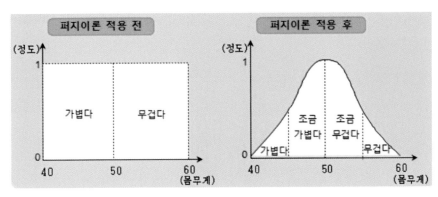

⑥ 패턴인식

패턴인식은 데이터로부터 중요한 특징이나 속성을 추출해 입력 데이터를 식별할 수 있는 부류로 분류하는 것입니다.

예를 들어 일기예보를 패턴인식으로 다룬다고 해 봅시다. 인식시스템은 입력으로 받아들인 일기도에서 중요한 특징을 추출해 일기도를 해석한 다음, 추출된 특징을 바탕으로 일기예보를 합니다.

의료진단 역시 패턴인식 문제로 다룰 수 있습니다. 어떤 증상이 인식시스템의 입력 데이터 역할을 하는데, 이때 인식시스템은 입력 데이터인 증상을 분석해 질병을 구별해 냅니다. 문자인식 시스템은 광학신호를 입력 데이터로 받아들여 그 문자의 이름을 식별하는 패턴인식 시스템입니다. 음성인식 시스템에서는 입력 데이터로 받아들인 음향의 파형에 바탕을 두고 발음된 단어의 이름을 식별해 낼 수 있습니다.

패턴인식 문제에 대한 명료하고도 단순한 해법은 각 패턴 부류의 특징을 추출하기 위해, 개개의 입력패턴에 대한 간단한 실험을 많이 수행하는 것입니다. 그러한 실험은 서로 다른 부류에 속하는 사용 가능한 입력패턴을 서로 구별하기에 충분해야 합니다. 언어 모델을 쓰는 경우는 수직획, 수평획, 폐곡선, 그리고 사선 및 역사선이 있는지를 조사하고 획수를 세어봄으로써 이 간단한 문자들을 구별할 수 있습니다.

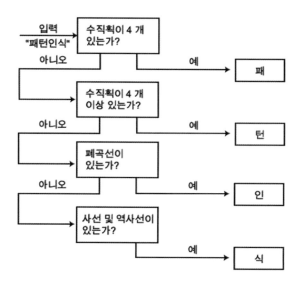

출처 : 문자 분류를 위한 간단한 질의-응답 구조 (패턴인식의 원리. 이성환)

또 다른 문자인식 문제를 고려해 보면 인쇄체이건 필기체이건 간에 하나의 문자 또는 숫자는 식별 가능한 공통 속성을 가지고 있어요. 문자 또는 숫자는 관측된 속성에 따라 식별되고 분류되기 때문에 패턴인식 시스템의 기본 기능은 동일한 패턴 부류에 속하는 대상물을 묘사한 패턴에서 공통 특징을 감지해 추출한 후에, 어떠한 새로운 환경에서든지 이 패턴을 인식해 해당 패턴 부류의 구성원으로 분류할 수 있습니다.

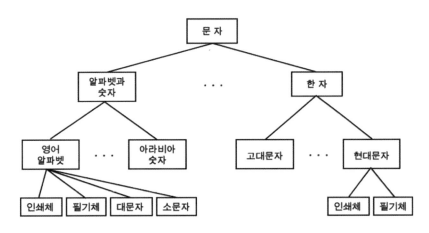

출처 : 패턴과 패턴 부류 간의 계층관계 (패턴인식의 원리. 이성환)

⑦ 컴퓨터 비전(Computer vision)

컴퓨터 비전은 카메라, 에지 기반 또는 클라우드 기반 컴퓨팅, 소프트웨어 및 인공지능(AI)을 결합해 시스템이 사물을 확인하고 식별할 수 있게 합니다.

인텔은 범용 프로세싱을 위한 CPU, 컴퓨터 비전, 비전 처리장치(VPU)를 비롯한 AI 가속화를 지원하는 다양한 기술 포트폴리오를 보유하고 있어요. 다양한 환경에서 가치를 발휘하는 컴퓨터 비전 시스템은 사물과 사람을 빠르게 인식하고, 고객 통계자료를 분석하고, 공산품을 검사하는 등의 작업을 수행할 수 있어요.

컴퓨터 비전은 딥러닝을 사용해 이미지 처리 및 분석 시스템을 안내하는 신경망을 형성합니다. 충분히 훈련된 컴퓨터 비전 모델은 사물을 인식하고 사람을 감지해 움직임도 추적할 수 있어요.

오늘날의 컴퓨터 비전 시스템은 사물 감지 및 인식, 분류 기능을 가지고 있으며 제조부터 리테일, 금융에 이르기까지 다양한 산업을 지원해 기업이 AI로 확장하고 향상할 수 있도록 지원합니다.

☑ 컴퓨터 비전이 온라인 쇼핑에도 도움이 된다고요?

세그먼트 : 프로그램 실행 시에 주기억 장치상에 적재되는 프로그램의 분할 가능한 기본 단위이다. 프로그램을 한 번에 내부 기억장치에 저장할 수 없는 경우, 그것을 몇 개의 짧은 단위로 분할하고, 실행 시에 필요한 세그먼트만을 주기억 장치상에 저장해 두며, 그 부분의 실행이 종료하는 시점에서 다음에 실행하는 세그먼트를 호출한다.

아마존에서는 컴퓨터 비전을 활용해 모든 입력 영상을 분할하고 자세와 체형을 나타내는 쿼리 피쳐의 신체 모델을 계산합니다. 최종 영상에 포함하기 위해 선택한 세그먼트는 형상 생성 네트워크에 전달되며, 기존 데이터와 결합하고, 쿼리 이미지의 형상 표현을 업데이트합니다. 그 형태 표현은 외형 생성 네트워크라고 불리는 두 번째 네트워크로 전달됩니다.

출처 : 쿼리 이미지(왼쪽), 다른 제품과 합성 이미지(오른쪽) (아마존)

외관 생성 네트워크의 구조는 형태보다는 질감과 색에 관한 정보를 인코딩한다는 점만 빼면 형태 생성 네트워크의 구조와 많이 비슷합니다. 그것이 만들어 내는 표현은 형태 표현과 결합되어 기준 의류를 착용한 모델의 사실적 시각화를 만들 수 있습니다.

네트워크의 세 번째 구성요소는 모델의 실루엣을 훼손하지 않고 로고나 독특한 패턴 등의 특징을 보존하기 위해 외관 생성 네트워크의 매개변수를 미세 조정합니다. 새 시스템의 출력은 이전 시스템의 출력보다 더 자연스러워 보입니다.

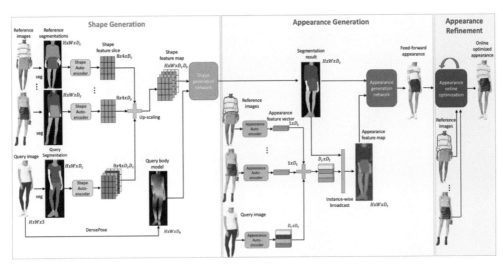

출처 : 가상 트라이온 네트워크 3단계 공정(아마존)

⑧ 자연어 처리(Natural Language Processing)

NLP 기술은 기계번역, 대화체 질의응답 시스템 대화시스템, 정보검색, 말뭉치 구축, 시맨틱 웹, 텍, 딥러닝, 그리고 빅데이터 분석 분야뿐만 아니라 인간의 언어정보처리 원리와 이해를 위한 언어학과 뇌인지 언어정보처리 분야까지 핵심적인 요소로 작용하고 있습니다.

자연어 처리 : 컴퓨터를 이용해 사람의 언어를 분석하고 처리하는 기술을 말한다.

2018년 구글이 공개한 BERT는 이전보다 우수한 성능을 발휘하는 자연어 처

BERT : 알고리즘이 자체적으로 대량의 데이터를 스스로 읽고 학습하는 방식으로 단어의 문맥, 관계 등을 판단하고 예측하는 자연어 처리 언어모델이다.

리 기술입니다. BERT는 자연언어처리 태스크를 교육 없이 양방향으로 사전 학습하는 첫 시스템인데 여기서 '교육 없음'이란 BERT가 보통의 텍스트 말뭉치만을 이용해 훈련되고 있음을 의미합니다.

네이버도 NLP의 중요성을 인식하고 개발과 투자를 했는데요. 이로 인해 축적된 기술력과 서비스 노하우를 바탕으로 네이버 검색의 정확도는 월등히 높아졌습니다. 특히 오타에 대한 검색어 교정량이 43% 증가했습니다. 예를 들어 '진주에세 목포깟 가는버'라고 검색을 했을 때 '진주에서 목포까지 가는 법'으로 교정해서 검색해 줍니다. 또한 '가민성 대장염치료제는 업는지'를 검색하면 '과민성 대장염 치료제는 없는지'로 자동 변환해 제공하는 방식으로, 비교적 긴 질의에서 발생하는 오타를 알맞은 검색어로 바꾸어 검색해 주는 등 정확한 정보를 제공합니다.

LG CNS는 AI의 언어 이해를 위한 AI 학습용 표준데이터 '코쿼드 2.0(KorQuAD 2.0)'를 공개하고, 무료로 개방했습니다. '코쿼드 2.0'은 한국어 표준데이터를 7만 개에서 10만 개로 확대하고 단답형에서 장문의 답변이 가능한 AI를 개발할 수 있도록 데이터를 강화한 버전이라고 생각하면 됩니다. 코쿼드 1.0에서는 "대한민국의 수도와 그 면적은?"이라는 질문에 "서울특별시, 605.25km² 입니다."라고 답하는 AI였다고 하면, 코쿼드 2.0에서는 "서울특별시의 특징은?"이라는 질문에 "도시 중앙으로 한강이 흐르고 북한산, 관악산, 도봉산 등의 여러 산들로 둘러싸인…"이라는 장문의 답을 학습을 통해 답변합니다.

이처럼 NLP기술은 대량의 비정형화된 언어로부터 세상의 지식을 추출하고, 가공할 수 있는 언어정보처리 기술로 초연결, 초지능 사회 구축을 위해 중요한 기술입니다.

NLP

NLU		NLG
감정 분석	생성형 문서 요약	자동 완성
기계 독해		스토리 생성
상식 추론	생성형 질의응답	
의미론적 유사도 측정		생성형 언어 모델
목적 기반 대화	E2E 챗봇	데이터 기반 문장 생성
관계 추출		
의미론적 구문 분석		캡션 생성

형태소 분석   표제어 추출   구문 분석   기계 번역

출처 : 자연어 이해와 자연어 생성(카카오브레인)

⑨ 음성인식 기술

음성인식 기술은 컴퓨터가 마이크와 같은 소리 센서를 통해 얻은 음향학적 신호(Acoustic speech signal)를 단어나 문장으로 변환시키는 기술을 말합니다.

현재 사물인터넷 서비스를 위해서는 사람의 의도를 파악하는 것이 중요합니다. 미래의 사물인터넷 시대에는 사물들이 알아서 사람들이 원하는 서비스를 제공해줄 것으로 예상되는데요. 예를 들어 점심 식사 후 졸릴 즈음에 습관적으로 커피를 마시는 사람이 있다면, 커피포트가 알아서 물을 끓이거나 혹은 서비스 로봇이 커피를 만들어서 가져다줄 것입니다. 기분이나 날씨에 따라 커피의 종류가 달라질 수도 있어요. 이때는 다양한 센싱 기술 및 오랫동안 축적해 놓은 데이터를 분석하는 기술이 전제되어야 할 것입니다.

센싱 : 지시의 센스를 결정하는 동작을 말한다.

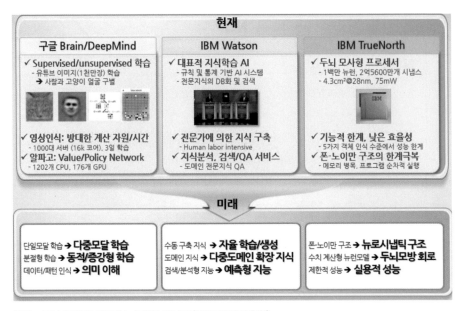

출처 : 4차 산업혁명 주요기술, 특허로 만나다(한국에이터진흥원)

☑ 센싱 및 데이터 분석 기술이 완벽하게 개발되기 전까지는 사물인터넷 서비스를 제공하는 것이 불가능할까요?

NO! 음성인식기술처럼 사람의 의도를 더 직접 나타내는 방법이 존재하기 때문입니다. 음성인식기술은 일반적으로 음향 신호를 추출한 후 잡음을 제거하는 작업을 하게 되며, 이후 음성 신호의 특징을 추출해 음성모델 데이터베이스(DB)와 비교하는 방식으로 음성인식을 하게 됩니다. 음성인식기술 역시 센싱과 데이터 분석 기술이 결합해 있기는 하지만, 측정하고 분석해야 하는 데이터가 음성 데이터 하나라는 점에서 보다 손쉽고 정확하게 사람의 의도를 파악할 수 있습니다.

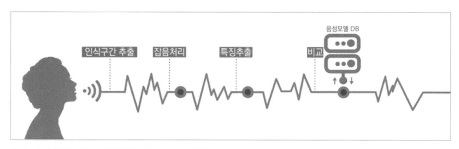

출처 : 음성인식기술의 일반적인 구성(Daum백과)

음성인식을 포함하는 언어지능 기술은 제품과 서비스에 공통적으로 적용되는 기반 기술입니다. 또한, IT와 통신 산업의 효과적인 융합을 위한 핵심 원천기술로써 지속적으로 연구되어야 할 중요한 인간-컴퓨터 상호작용(Human-Computer Interaction) 기술의 하나입니다.

이러한 측면에서 딥러닝과 같은 알고리즘적 혁신, GPU와 같은 물리적 하드웨어적 연구가 이루어진다면 좀 더 정확한 음성인식 기술을 활용할 수 있습니다.

인간처럼 사고하고
행동하는 AI+X

01

딥러닝의
무궁무진한 활용 분야

"인공지능은 어디까지 발전되었을까요?"

한국판 뉴딜 종합계획 : 2025년까지 디지털뉴딜, 그린뉴딜, 안전망 강화 등 세 개를 축으로 분야별 투자 및 일자리 창출을 목표로 하고 있다.

인공지능은 현재 우리 삶 곳곳에 활용되고 있어요. 2020년 7월 14일 코로나 19로 인해 침체된 경기 회복을 위해 정부가 '한국판 뉴딜 종합계획'을 발표했어요. 그중 디지털 뉴딜은 '디지털 역량'이 국가 경쟁력 핵심 요소로 대두되어, ICT 산업을 기반으로 하는 국가 디지털 대전환 프로젝트입니다. AI 융합 프로젝트(AI+X)는 그중 하나로, 군 의료기관에도 AI 시대를 열어주었어요.

AI+X : AI(인공지능)+X(학문분야)를 나타내는 용어로써 모든 산업에 AI 기술이 활용되는 결합시스템 사회이다. 4차 산업사회를 대비하기 위한 전략으로 X는 융합, 혁신의 의미로 사용되며, AI+X는 인공지능이 공학과 산업에만 한정되지 않고, 의료, 환경, 생산, 광고, 예술, 스포츠 등 다양한 분야와 접목할 수 있음을 의미한다.

군 의료체계 개선을 위해 AI 융합 프로젝트(AI+X)를 진행하고 있어요. 민간병원보다 열악한 환경에서 진료를 받던 군인들이 의료데이터를 모아서 AI 기술과 융합해 진료를 받을 수 있도록 지원하고 있어요. X-RAY 장비를 보유하고 있어도, 판독해 줄 의사가 부족해 영상판독에 어려움이 있었는데, AI로 이런 단점을 보완하고 있어요. 국내 대표 의료기업인 뷰노·루닛·딥노이드는 폐렴, 결핵, 기흉, 사지골절 등 군에서 발생위험과 빈도가 높은 질환을 돕는 AI 솔루션을 개발했어요.

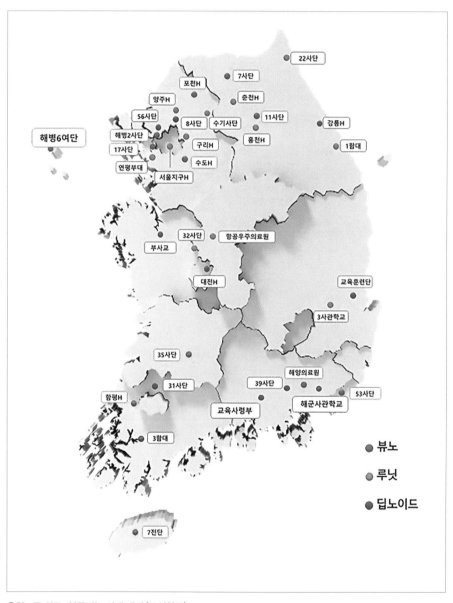

AI+X 의료영상 진료판독시스템 주요 성과

인공지능(AI) 솔루션 시범적용 부대

총 36개소

국직	11개
육군	14개
공군	1개
해군	6개
해병	4개

...

AI 폐질환 솔루션 시범사업 설치 완료

연평부대 의무실 루닛

7사단 의무대 뷰노

국군 수도병원 루닛, 뷰노, 딥노이드

출처 : 군 의료, 인공지능 시대 개막(조선일보)

CC인증 : 공통평가기준(Common Criteria, 약어 CC)은 컴퓨터 보안을 위한 국제 표준이며 ISO/IEC 15408이다. IT 제품이나 특정 사이트의 정보 시스템에 대해 정보 보안평가 인증을 위한 평가 기준이다.

GS(소프트웨어 품질) 인증 : 국산소프트웨어의 품질을 증명하는 국가 인증제도. 제품이 사용될 실제 운영환경의 테스트시스템을 갖추어 제품(소프트웨어, 사용자 매뉴얼, 제품설명서)의 품질을 인증한다.

☑ **군 의료 AI+X는 개인정보를 보호할 수 있나요?**

2020년 9월 국군수도병원에 'AI+X 실증랩'이 설치되었어요. AI+X 실증랩은 여러 기관이 데이터를 동시에 가공·활용하고, 실증작업을 할 수 있는 공간입니다. 민간에서는 의료데이터에 민감하기 때문에 데이터를 모으고, 기술을 개발하는 것이 힘들지만, 군은 대규모 의료데이터를 가지고 있기 때문에 이를 빠르게 적용할 수 있는 장점이 있어요. 그 과정에서 개인정보가 침해, 유출되지 않도록 CC인증(EAL2 이상) 및 GS(소프트웨어 품질) 인증 제품을 도입해 보안을 강화했어요. 데이터를 사용하고 난 후 암호화한 뒤, 가명처리 및 관리하고 전역 후 파기합니다.

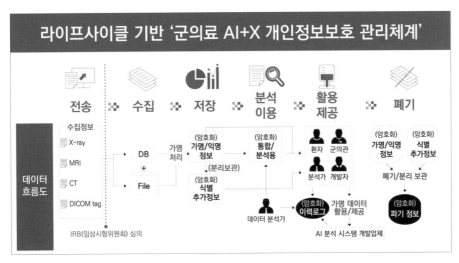

출처 : 조선일보

지역 대학과 기업·연구소와 협력해 인공지능 브레인랩을 조성해 AI 기술 축적·활용 및 우수인재를 육성하고 있어요. 인공지능을 지역전략 산업에 접목해 집중 지원하고 있어서 지역발전을 기대해도 좋습니다.

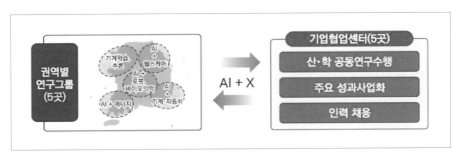

출처 : 5개 권역별 과학기술 성과 실용화 지원사업(과학통신기술정보통신부)

02

딥러닝 패러다임의 변화

"2016년 3월 9일 세계를 놀라게 한 엄청난 사건을 기억하나요?"

강화학습 : 컴퓨터 에이전트가 역동적인 환경에서 반복적인 시행착오 상호작용을 통해 작업 수행 방법을 학습하는 머신러닝 기법의 한 유형이다.

신경망 : 인공 신경망(ANN) 또는 시뮬레이션 신경망(SNN)이라고도 하는 신경망은 머신 러닝의 서브세트이며, 딥러닝 알고리즘의 핵심이다.

정책망 : 바둑에서 특정 시점에 가능한 모든 수 가운데 승률이 가장 높은 수를 예측하는 것이다.

몬테카를로트리 검색법 : 모종의 의사결정을 위한 체험적 탐색 알고리즘으로, 특히 게임을 할 때 주로 적용한다. 선두적 예로 컴퓨터 바둑 프로그램이 있으나, 다른 보드 게임, 실시간 비디오 게임, 포커와 같은 비결정적 게임에도 사용한다.

구글 딥마인드가 개발한 AI 알파고와 세계적인 바둑 기사 이세돌 9단과의 대결에서 알파고는 4:1로 승리를 거둡니다. 전문가들은 이세돌이 우승을 할 것이라 예상했지만, 모두의 기대를 꺾는 결과를 낳았지요. 컴퓨터 프로그램이 단순히 사람을 꺾었다고 생각할 수도 있지만, 알파고는 강화학습, 신경망, 정책망, 몬테카를로트리 검색법 등을 조합해 다음 수를 두어 승리할 수 있었어요.

☑ 알파고의 승리비결은 무엇일까요?

딥러닝은 인공신경망(Artificial Neural Network, ANN)을 사용해, 사람이 문제를 해결하고 결론을 내는 구조와 비슷한 방식으로 데이터를 분석하고 답을 얻어요. 딥러닝은 머신러닝의 한 방법으로 진화된 형태라고 생각하면 됩니다.

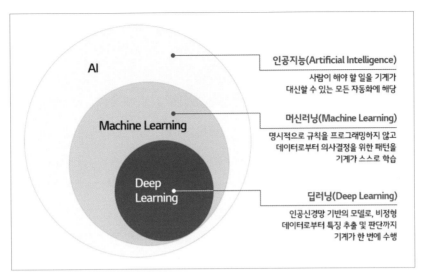

출처 : LG CNS 블로그

딥러닝은 높은 정확도를 위해 많은 데이터양을 필요로 하기 때문에 성능이 우수한 하드웨어가 필요해요. 그래서 CPU, GPU, 뉴로모픽 칩과 신경망을 결합해 복잡한 패턴을 학습해야 합니다. 학습의 방법에는 비지도 학습, 지도학습, 심화학습이 있어요. 비지도 학습은 정답이 없는 데이터에서 복잡한 패턴과 특징을 스스로 찾아 판단합니다. 인간이 경험을 통해 학습하는 방법과 비슷하다고 생각하면 됩니다. 지도학습은 정답이 있는 데이터를 이용해 학습하기 때문에 알고 싶은 데이터를 넣었을 때 기존에 학습했던 지식으로 답을 할 수 있어요. 강화학습은 정답이 따로 없고, 행동에 따른 보상으로 컴퓨터가 학습합니다.

뉴로모픽 칩 : 사람의 뇌 신경을 모방한 차세대 반도체로 딥러닝 등 인공지능 기능을 구현할 수 있다. 기존 반도체와 비교해 성능이 뛰어나면서 전력 소모량이 기존 반도체 대비 1억분의 1에 불과해 미래 반도체 시장을 좌우할 핵심 기술로 꼽힌다.

딥러닝 알고리즘에는 어떤 것이 있을까요?

딥러닝의 알고리즘으로는 인공신경망(ANN), 심층신경망(DNN), 합성곱신경망(CNN), 순환신경망(RNN)이 있어요.

인공신경망(ANN)은 뇌 신경계의 정보처리구조를 모방해 만든 컴퓨터 계산 알고리즘입니다. 가장 일반적인 인공 신경망은 한 개의 입력층과 출력층 사이에 다수의 은닉층(Hidden layer)이 있는 다층 퍼셉트론(Multi-layer perceptron)입니다.

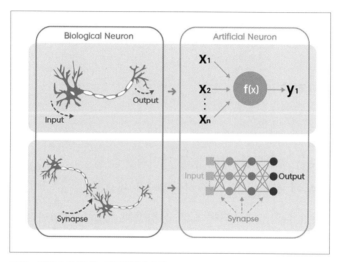

출처 : 용어로 알아보는 우리시대 DATA

심층신경망(DNN)은 입력층(Input layer)과 출력층(Output layer) 사이에 다중의 은닉층(Hidden layer)을 포함하는 인공 신경망입니다. 인공 정신망의 문제를 해결하고, 은닉층을 늘려 학습을 향상시킵니다.

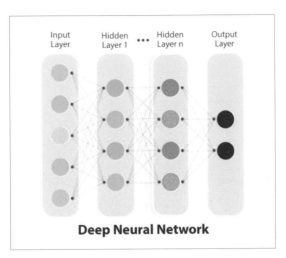

출처 : IT용어사전

합성곱 신경망(CNN)은 시각적 영상을 분석하는 데 사용되는 다층의 피드-포워드적인 인공신경망의 한 종류에요. 심층 신경망을 응용한 구조입니다.

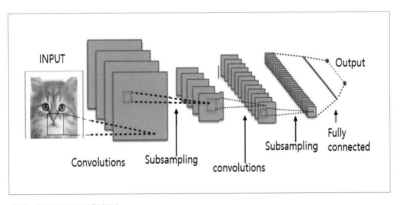

출처 : 한국공간구조학회지

마지막으로 순환 신경망(RNN)은 시계열 데이터(Time-series data)와 같이 시간의 흐름에 따라 변화하는 데이터를 학습하기 위한 딥 러닝 모델입니다.

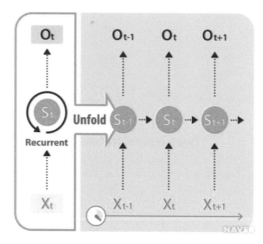

출처 : IT 용어사전

알파고가 이세돌을 이길 수 있었던 것은 250^{150}의 가능성을 모두 계산했기 때문입니다. 알파고가 이 천문학적인 수를 계산해 경우의 수를 스스로 줄일 수 있었던 이유는 바로 딥러닝 때문입니다.

03

딥러닝 개발의 필요성

언어나 시각 등의 자연 데이터는 복잡하고 계층적 구조를 가지고 있어요. 하지만 기존 Shallow 알고리즘 들은 계층적 구조 데이터를 학습하기에는 그 구조가 지나치게 간단해서 다 처리하기에는 어려움이 있어요. 즉, 자연 데이터의 복잡성을 따라갈 학습 능력이 안 되기 때문입니다.

계층적 구조 : 같은 수준의 객체들이 서로 관계를 가지면서 한 차원 높은 복잡도의 객체를 형성하는 구조이다.

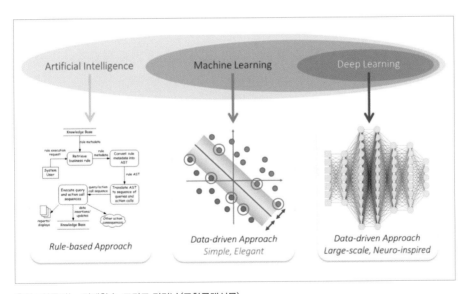

출처 : 인공지능, 기계학습, 그리고 딥러닝(포항공대신문)

✅ 딥러닝은 완전한 인공지능을 실현하는 기술일까요?

딥러닝은 인공신경망에서 발전한 형태의 인공지능으로, 뇌의 뉴런과 유사한 정보 입출력 계층을 활용해 데이터를 학습합니다. 하지만 기본적인 신경망조차 꽝장한 양의 연산을 필요로 하는 탓에 딥러닝의 상용화는 초기부터 난관에 부딪쳤어요. 다행히 슈퍼컴퓨터의 발전으로 딥러닝 개념을 증명하는 병렬 알고리즘을 구현해 기존보다 더 발전적인 인공지능이 탄생할 수 있었습니다. 그리고 병렬 연산에 최적화된 GPU의 등장은 신경망의 연산속도를 획기적으로 가속하며 진정한 딥러닝 기반 인공지능의 등장을 불러왔어요.

신경망 네트워크는 학습 과정에서 수많은 오답을 낼 가능성이 큽니다. 교통 정지판 하나를 보더라도 기상상태, 밤낮의 변화에 관계없이 항상 정답을 낼 수 있을 정도로 정밀하게 뉴런 입력의 가중치를 조정해야 하는데 이를 위해서는 수백, 수천, 어쩌면 수백만 개의 이미지를 학습해야 할지도 모르죠. 이 정도 수준의 정확도에 이르러서야 신경망이 정지 표지판을 제대로 학습했다고 볼 수 있어요.

2012년 구글과 스탠퍼드대 앤드류 응(Andrew NG) 교수는 1만 6,000개의 컴퓨터로 약 10억 개 이상의 신경망으로 이뤄진 '심층신경망(Deep Neural Network)'을 구현했어요. 이를 통해 유튜브에서 이미지 1,000만 개를 뽑아 분석한 뒤, 컴퓨터가 사람과 고양이 사진을 분류하도록 하는 데 성공했습니다. 컴퓨터가 영상에 나온 고양이의 형태와 생김새를 인식하고 판단하는 과정을 스스로 학습하게 된 것이죠.

출처 : 구글

    딥러닝으로 훈련된 시스템의 이미지 인식능력은 이미 인간을 앞서고 있어요. 이 밖에도 딥러닝의 영역에는 혈액의 암세포, MRI 영상에서 종양을 식별하는 능력도 포함되어 있습니다.

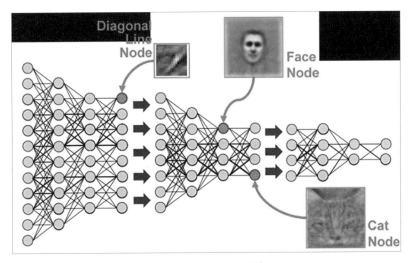

출처 : 고양이를 찾아내는 구글의 딥러닝 기술 (네이버 지식백과)

이처럼 딥러닝의 등장으로 인해 머신러닝의 실용성은 강화됐고, 인공지능의 영역도 확장되었어요. 딥러닝은 컴퓨터 시스템을 통해 지원 가능한 모든 방식으로 작업을 세분화하였습니다. 운전자 없는 자동차, 더 나은 예방의학, 더 정확한 영화 추천 등 딥러닝 기반의 기술들은 우리 일상에서 이미 유익하게 사용되고 있어요.

딥러닝은 빅데이터와 컴퓨터 하드웨어 성장으로 기술구현의 한계를 극복하고 발전하고 있어요. 세계 딥러닝 시장은 조사업체에 따라 차이가 있지만, 엄청난 상승세를 가지고 있답니다. 세계 딥러닝 시장은 주로 북미가 높은 비율로 차지하고 있고 아시아와 태평양 지역은 높은 상승세를 보이고 있지요. 우리나라 역시 이중 큰 몫을 차지하고 있어요.

☑ 글로벌 딥러닝 시장규모 및 전망은 어떨까요?

글로벌 딥러닝의 시장규모는 2023년에는 181억 달러로 발전할 것이라고 전망하고 있어요. 세계의 자본들이 딥러닝 시장에 많이 투자하고 있다는 증거입니다.

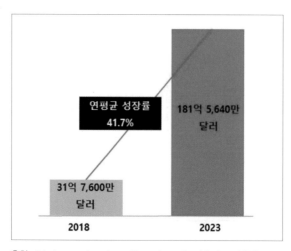

출처 : Marketsandmarkets, Deep Learning Market, 2018

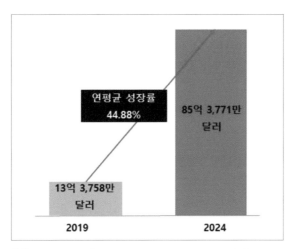

출처 : TechNavio, Global Deep Learning Market, 2020

　글로벌 딥러닝 시장의 원동력에 필요한 과제들은 성장 촉진요인과 성장 억제
요인도 찾아볼 수 있어요. 하지만 유연성이나 멀티태스킹의 부족이나 자연어 처
리와 같은 문제점은 해결해야 할 과제입니다.

구 분	주요 내용
성장 촉진요인	– 컴퓨팅 성능 향상 및 하드웨어 비용 감소 – 클라우드 기반 기술 채택 증가 – 빅 데이터 분석에서 딥러닝 사용 증가 – 고객 중심 서비스에서 인공지능 채택 증가
성장 억제요인	– 딥러닝 기술에 사용되는 복잡한 알고리즘으로 인해 하드웨어 복잡성 증가 – 기술적 전문성 부족 및 표준 프로토콜 부재
시장 기회	– 제한되고 구조화된 데이터의 존재로 딥러닝 솔루션에 대한 수요 증가 – 의료, 여행, 관광 및 숙박업에 대한 누적 지출 증가
해결해야 할 과제	– 유연성 및 멀티태스킹 부족 – 지역 방언으로 자연어처리(NLP)와 같은 애플리케이션을 위한 딥러닝 배포의 필요

출처 : Marketsandmarkets, Deep Learning Market, 2018

글로벌 딥러닝 시장의 지역별 시장규모 및 전망을 보면 아직까지는 북미에서 많은 연구가 진행되고 있지만, 우리나라를 비롯한 아시아에서도 45% 이상의 성장률을 보이고 있어요.

우리나라 딥러닝 시장 규모는 연평균 성장률 43.40%로 전망이 밝아요. 우리나라는 마케팅, 보안, 헬스케어 부문에 딥러닝 구현이 늘어나는 것을 볼 수 있어요. 시대 상황에 맞게 홍보나, 개인정보보호 강화, 건강에 관심이 많아서 그렇답니다.

☑ 우리나라 딥러닝 시장의 시장 규모와 전망은 어떻게 될까요?

세계적인 추세로 그 규모는 더욱 커질 것입니다. 아래처럼 다양한 분야에서

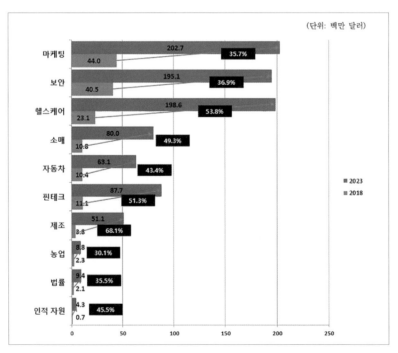

출처 : MarketsandMarkets, Catalytic Converter Market, 2019

폭넓게 활용되고 있어요. 그러니 자신의 전공에 인공지능이 어떻게 적용되는지 확인하고 조사하는 활동을 하면 좋을 것입니다.

① 알파폴드 2

2020년 11월, CASP(Critical Assessment of protein Structure Prediction, 최대 단백질 구조 예측대회)에서 알파폴드2가 단백질 구조를 예측하는데 성공했어요. 100점에 가까울수록 정확하다고 볼 수 있는데, 알파폴드2는 90점을 받았어요. 알파폴드2는 사람이 아닌 구글 딥마인드가 개발한 AI입니다. 인공지능이 인공지능을 개발한 것이죠.

구글 딥마인드는 바둑 AI 알파고를 만든 회사인데, 10년 동안 연구해 개발한 알파폴드2는 단백질의 입체구조를 30분 만에 밝혀낼 수 있습니다. 이로 인해 앞으로 딥러닝 기술을 활용할 수 있는 분야는 더욱 늘어날 전망입니다.

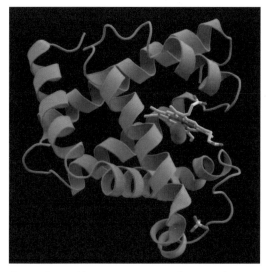

출처 : 구형단백질 '미오글라빈' 3차원구조(Wikipedia)

② 자율주행 기술의 핵심을 바꾼 딥러닝

☑ 자율주행차에 시각 인지 지능이 적용된 것을 알고 있나요?

전방충돌방지, 차선이탈방지, 차간거리조절 등 지능형 주행 등에 관련된 모든 기능을 구현하려면 사물 인식 기술이 필요합니다. 딥러닝의 시각 인식 지능은 이미 인간을 넘어섰고, 자율주행 기술에 빠르게 적용되었어요.

사물을 단순하게 인식하던 인공지능은 인식을 넘어서 빠르게 상황을 파악해 대응할 수 있을 정도로 발전했어요. AutoX는 오직 카메라에 입력된 영상정보를 바탕으로 자율주행을 구현하는 딥러닝입니다. 학습한 시각 지능이 사람을 넘어설 정도로 발전되어 더욱 안전하게 자동차를 운행할 수 있습니다.

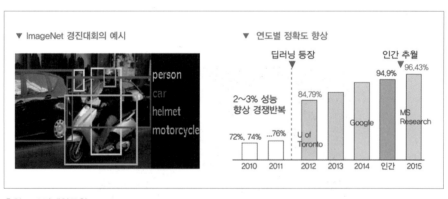

출처 : LG경제연구원

☑ 자율주행차가 스스로 학습한다는 것을 알고 있나요?

지금까지의 자율주행차량은 규칙기반 방식(Rule-based Approach)으로 구현되었습니다. 하지만 규칙기반 방식의 자율주행 기능은 업데이트를 할 때 전문가들이 오랫 동안 규칙을 모델링해야 하기 때문에 비효율적이며, 확장성이 떨어집니다. 아무리 정교하게 수많은 예외상황과 변수들을 고려한다고 하더라도 모든 상황을 반영하기 힘듭니다. 그래서 딥러닝을 기반으로 스스로 학습해 자율주행이 가능한 시스템을 만들게 되었습니다.

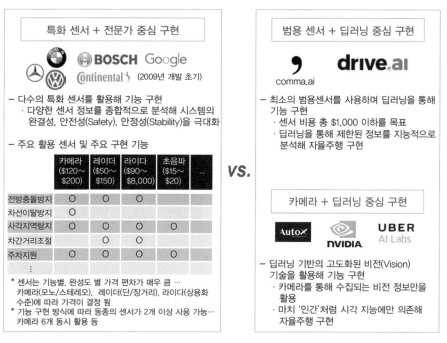

출처 : LG경제연구원

　자율주행차도 이제는 사람처럼 강화학습을 적용해 연습하고, 실전에서 환경을 고려해 운행할 수 있어요.

Rule-based Approach

- 주행 과정 중 발생 가능한 다양한 상황을 정교하게 규칙으로 모델링
  · 다양한 상황을 사전에 예측해 각 상황 별 대응 방법을 사전에 정의하고 규칙으로 모델링 함.

- 개발 비용이 높고 모델 검증에 오랜 시간이 걸림.
  · 차량 관련 전문가가 중심이 되어 모델을 구축하고 지속적인 업데이트를 통해 정교화
  · 모델 검증을 위한 오랜 시간의 반복 실험 소요, 오류 발생 시 모델의 수정, 재검증 과정이 동반됨

[예시적] 주행 상황 별 규칙 모델링 및 구현/테스트

규칙 정의
* 차간 거리 유지

전방 차량 간 거리 3m 이상으로 유지하며 가속/감속

* 차선 변경

차선 변경 시 측후면 차량 및 전방 차량과 거리 10m 이상 확보 후 차선 변경 시도

모델링 및 구현

테스트 드라이브

vs.

Deep Learning

- 인간의 주행 과정을 데이터화해 인공지능이 주행 방법을 학습
  · 사람이 운전을 반복하며 익숙해져 가는 과정과 유사
  · 인공지능이 주행을 지속할 수록 다양한 상황에서의 대응 방법을 학습하고 터득함.

인간의 주행과정   딥러닝 기반 학습   자율주행 구현

Reinforcement Learning

- 반복학습을 통해 인공지능이 다양한 주행 상황 별 대응 방법을 스스로 터득
  · 수많은 반복 학습 과정을 통해 최적의 대응 방법을 스스로 깨우침… 학습 과정에서 일일이 방법을 정의할 필요 없이 상황 별 달성 목표와 보상만 정의함.

[예시적] 신호등 없는 교차로 주행 방법 학습

발생 가능한 다양한 상황 별 시행 착오를 반복하며 학습

출처 : LG경제연구원

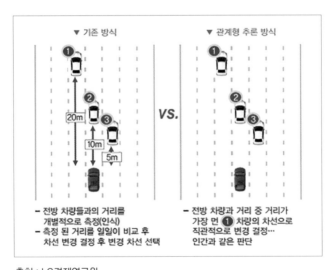

출처 : LG경제연구원

인간 사고 지능을 적용한 자율주행차로는 관계형 추론(Relational Networks) 방식이 있어요. 차량과 차량 간의 신호를 주고받아 원활하게 주행할 수 있도록 도움을 주고 있지요.

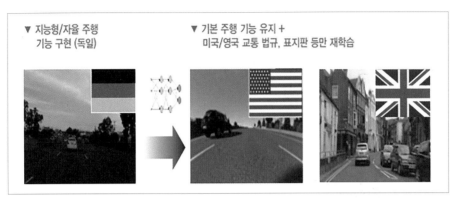

출처 : LG경제연구원

③ 컨볼루션 네트워크 역이용 - 인공지능 화가

☑ '드로잉봇'을 알고 있나요?

그림을 잘 그리는 사람들도 있지만 그림에 소질이 없는 사람도 많습니다. 이때 생각한 대로 그림을 그리지 못하는 사람들에게 도움을 줄 수 있는 로봇이 있다면 무척 인기가 많겠죠? 바로 이런 로봇이 '드로잉봇'입니다.

마이크로소프트사가 발표한 '드로잉봇'은 그림을 그리고자 하는 사람이 생각한 바를 그림으로 표현해 줍니다. 이 프로그램은 AI시스템이 문장으로 표현된 것을 인식해 그림으로 그려주는데요. 마이크로소프트사는 '넥스트 렘브란트'라는 프로젝트를 통해 렘브란트 반 레인의 작품 346점을 딥러닝 기술을 통해 학습하고 유사한 화풍으로 그림을 그릴 정도로 수준 높은 기술을 자랑합니다.

구글은 경쟁적으로 빈센트 반 고흐의 화풍을 학습한 AI '딥드림(Deep Dream)'을 선보였습니다. 이 드로잉봇은 주어진 원본 이미지를 인식해 추상화를 그려주는데요. 딥그림이 그린 29점의 그림은 경매를 통해 약 9만 7천 달러에 판매되기도 했어요. 일반인들도 이미지를 업로드하면 딥드림이 추상화로 바꾸어 새로운 그림을 만들 수 있습니다.

출처: 구글 딥드림(Deep Dream)

04

인공지능 계약학과

구분	학교명
고등학교	단국대학교부속소프트웨어고 인공지능소프트웨어과(서울 강남구)
	서울인공지능고 AI컴퓨터과(서울 송파구)
	광운전자공업고 인공지능소프트웨어과(서울 노원구)
	평촌경영고 AI융합과 (경기도 안양)
	미래산업과학고 인공지능콘텐츠과(서울 노원구)
	서울디지텍고 인공지능융합과(서울 용산구)
	세명컴퓨터고 인공지능소프트웨어과(서울 은평구)
전문대학	경기과학기술대 인공지능학과(경기 시흥시)
	동양미래대 인공지능소프트웨어학과(서울 구로구)
	동의과학대 인공지능컴퓨터정보과(부산 부산진구)
	신구대 AI학과(경기 성남시)
	유한대 인공지능융합학과(경기 부천시)
	인천재능대 AI컴퓨터정보과(인천 동구)
	경남정보대 AI컴퓨터학과(부산 사상구)
	경복대 AI·소프트웨어융합과(경기 남양주시)
	영진전문대 컴퓨터정보계열(AI·빅데이터응용소프트웨어과)(대구 북구)
대학	동국대 AI융합학부
	공주대 인공지능학부
	금오공과대 인공지능공학과
	가톨릭대 인공지능학과
	충남대 인공지능학과
	경기대 인공지능 전공

대학	서울시립대 인공지능학과
	전남대 인공지능학부
	국민대 인공지능학부
	경희대 컴퓨터공학부(인공지능학과)
	가천대 AI·소프트웨어학부(인공지능전공)
	경북대 컴퓨터학부(인공지능컴퓨터전공)
	연세대 인공지능학과
	한양대 에리카 인공지능학과
	인하대 인공지능공학과

단국대학교부속 소프트웨어고는 소프트웨어(SW) 분야 특성화학교로 SW분야에 관심과 흥미가 있는 학생들이 입학합니다. 일반적으로 특성화고는 고등학교 졸업 후 취업을 목표로 교육을 하지만, 소프트웨어고는 대학 진학을 우선 목표로 학교를 운영하고 있어 다른 특성화고와는 차이점이 있습니다. 강남과 판교 SW산업클러스터 중심에 위치한 지리적 특성과 대치동의 우수한 교육환경으로 이론과 실무를 같이 함양할 수 있는 인재가 될 수 있다는 장점이 있어요.

이 학교는 교내 해커톤 대회, 메이커톤 대회, 게임개발경진대회, 알고리즘 경진대회, SW전문가들과 함께하는 자율동아리, SW전문가 특강 등을 실시해 학생 역량을 강화하고 있어요. 2024학년도 입시에서는 생활기록부 기록사항이 대폭 축소되어 수시에서 면접 비중이 강화될 가능성이 높습니다. 따라서 관련된 프로그램을 제작했거나 실제로 관련 분야로 취업한 학생들과 토론 시간을 가지면서 다양한 아이디어를 얻을 수 있어요.

경기과학기술대 인공지능학과의 경우에는 국내 최초 IBM P-TECH 참여대학으로 본과의 인공지능 교육과정을 IBM과 함께 개발하였습니다. 또한 빅데이터 분야 디지털 신기술 인재양성 혁신공유대학으로 서울대, 서울시립대 등 전국 6개 대학과 함께 빅데이터 및 인공지능 분야 교육과정뿐만 아니라 교과목 개발도 공유하고 있어요. 경기과학기술대는 수도권 대학 최초로 글로벌 기업인 지멘스와 협약을 체결해 지멘스로부터 인증받은 교육과정을 수료하고, 온라인 시험에 통과하면 국제 공인자격증 SMSCP를 취득할 수 있어요.

서울과학기술대 인공지능응용학과는 핵심 인재 양성을 위해서 신입생 전원에게 4년간 장학금을 지원하고 있으며, 다양한 산학 프로그램을 개발해 현장경험까지 쌓을 수 있어요. 국제공동연구 및 인턴십을 통해 전 세계 61개국 301개교 10개 기관과 학술 교류 네트워크를 구축하였어요.

AI응용학과에서는 캐나다 UBC(The University of British Columbia), 영국 UH(University of Hertfordshire)등 해외 우수대학과의 글로벌 공동 학위과정을 계획하고 있으며, 캐나다 Mila연구소, 독일 Max Planck연구소, 일본 이화학연구소 등과의 해외 인턴십 기회까지 제공하려고 합니다. 고학년으로 올라갈수록 실기과목이 많아지고 배울 양도 늘어나는데요. 그렇기 때문에 고등학교 때 전반적인 IT 지식이나 프로그래밍 등의 공부를 하고 진학을 하면 훨씬 더 유리하겠죠. 3학년 때부터는 실습 위주의 프로젝트 수업이 진행되니 1,2학년 때 반드시 기초를 잡아두어야만 학점과 취업까지 해결할 수 있습니다.

05

인공지능학 교육과정

① 서울과학기술대학교 인공지능응용학과

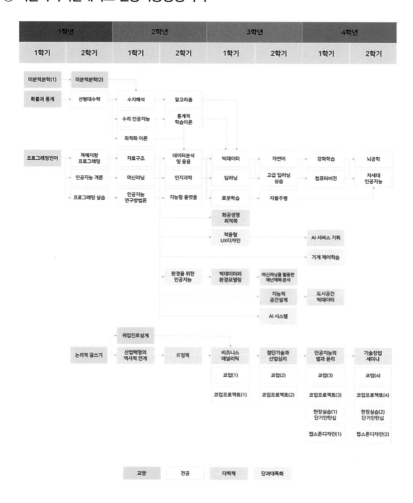

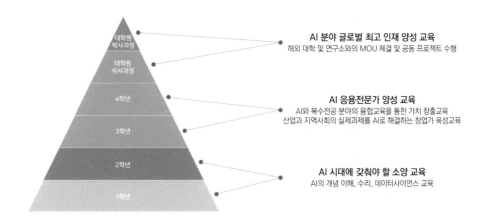

AI 분야 글로벌 최고 인재 양성 교육
해외 대학 및 연구소와의 MOU 체결 및 공동 프로젝트 수행

AI 응용전문가 양성 교육
AI와 복수전공 분야의 융합교육을 통한 가치 창출교육
산업과 지역사회의 실제과제를 AI로 해결하는 창업가 육성교육

AI 시대에 갖춰야 할 소양 교육
AI의 개념 이해, 수리, 데이터사이언스 교육

대학원 박사과정
대학원 석사과정
4학년
3학년
2학년
1학년

　서울과학기술대학교 인공지능응용학과는 융합학과 형태의 단과대학인 '메이커스 칼리지' 내에 신설·운영됩니다. AI응용학과 1,2학년 학생들은 인공지능의 기초 및 핵심기술에 대해 학습합니다. 3학년부터 인공지능 모델 개발, 인공지능 서비스 기획 등 실제로 인공지능 지식을 바탕으로 제품과 서비스를 만들어 볼 수 있는 프로젝트 기반의 교육을 진행합니다. 또한 AI 이외에 학습자의 관심분야(소프트웨어, 기계, 로봇, 환경, 전자, 반도체, 바이오, 신소재, 디자인, 건축, 화학, 인문, 경영 등)를 복수전공하거나 협업해 문제를 해결하는 AI응용분야의 전문가를 양성하고자 합니다.

　인공지능학과라 프로그래밍과 인공지능에 대해 공부를 많이 해야겠지만 교육과정상 미적분을 필수로 이수해야 학습하는 데 도움이 됩니다. 그리고 인공지능 수학도 같이 이수하면 수준 높은 프로그래밍을 하는 데 도움이 될 것입니다.

　서울과기대의 강점은 산업체와의 긴밀한 연계를 통해 전문분야에서 전문가와 협업을 통해 문제해결능력을 향상시킬 수 있다는 것입니다. 여기에 신입생 전원에게 4년 전액 장학금을 지원할 뿐만 아니라 대학원까지 진학 시 최대 9년까지 장학 혜택을 받을 수 있습니다. 이 분야에 지속적인 연구를 하면서 공부하고 싶은 학생들은 고려해 볼만한 대학일 것입니다.

② 세종대학교 인공지능학과

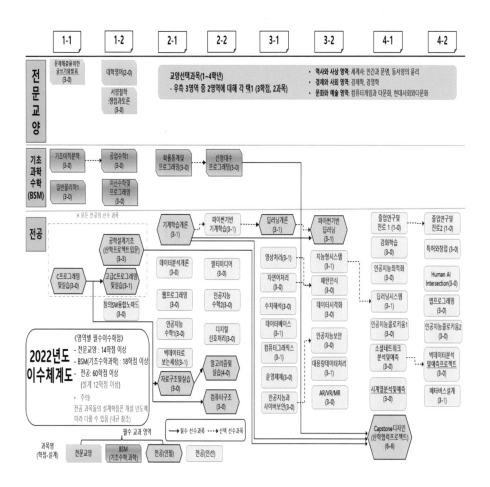

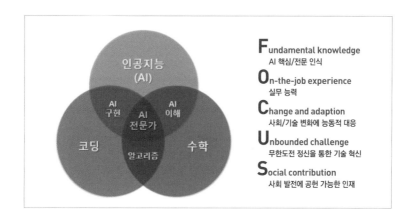

세종대학교 인공지능학과는 인공지능 핵심(AI-Core)을 이해하고 인공지능 응용(AI-X) 기술을 구현하며, 맞춤형 교과과정, 창의적 문제해결 능력을 키우는 컴퓨팅 사고력을 향상시킬 수 있는 교육과정을 갖추었습니다.

AI인증제를 도입해 AI인재를 집중적으로 양성하기 위한 전략을 세우고 있으며, AI경시대회를 통해 인증제를 통과한 학생은 AI자격증을 받게 됩니다. 또한 대회에서 우수한 성적을 거둔 학생에게는 장학금도 제공되죠. AI 전공 교수진만 무려 21명이 있을 정도라 세종대 재학생은 전공에 상관없이 AI강의를 들을 수 있어요. 또한 '인공지능 수학', '기계학습' 등 AI 기초강좌를 온라인 강의로 개설해 학생들은 시간과 공간 제약 없이 수업을 들을 수 있다는 장점이 있어요.

세종대는 과학기술정보통신부 소프트웨어(SW) 중심대학으로 지정되어 지하 2층에서 지상 13층 규모의 '대양 인공지능(AI) 센터'를 건립해 운영 중입니다. 학생과 교수, 기업 간 협업이 가능한 AI융합중심 산학협력 허브 공간과 벤처기업이나 신생 창업기업들이 상주해 AI콜라보레이션랩에서 산학협력 프로젝트를 자유롭게 진행하고 있습니다.

③ 한양대학교 에리카 인공지능학과

2020-2023 교육과정 인공지능학과 전공이수체계도

		1학년		2학년		3학년		4학년		
		1학기	2학기	1학기	2학기	1학기	2학기	1학기	2학기	2021학년도 1학기 기준
전공핵심/심화		컴퓨터개론(3)	프로그램설계 방법론(3)	자료구조론(3)	알고리즘설계와 분석(3)	운영체제론(4)	데이터마이닝(3)	소프트웨어공학 (4)	소셜네트워크 분석(3)	
			오픈소스SW 기초(2)	선형대수(3)	데이터베이스(3)	컴퓨터구조(3)	컴퓨터그래픽스 (3)	데이터사이언스 (3)		
			시스템프로그래 밍기초(3)	오토마타와 형식언어이론(3)	수치해석 (3)	컴퓨터비전(3)				SW 공통 과정
					소프트웨어개발 실무(4)	빅데이터검색(3)				
								전공진로세미나 (1)		
							인공지능(3)	딥러닝(3)		AI 기본트랙
		인공지능의이해 (3)		텐서프로그래밍 (3)	인공지능수학 (3)	기계학습(3)	시각지능학습(3)	자연어처리(3)	고급딥러닝(3)		
							음성인식(3)		인간컴퓨터상호 작용(3)	AI 심화트랙
전공기초		프로그래밍기초 (3)				AI캡스톤 디자인1(3)	AI캡스톤 디자인2(3)			캡스톤디자인 과정(졸업작품)
		논리학 (3)				AI연구실실화실 습1(1)	AI연구실실화실 습2(1)	AI연구실실화실 습3(1)	AI연구실실화실 습4(1)	학부 연구생 과정
		이론컴퓨터1 (3)								
		일반물리학1 (3)		확률론 (3)	전산통계학 (3)					교양필수 / 전공기초 / 전공핵심 / 전공심화
교양필수		IC-PBL과 비전설계(3)		IC-PBL과 취업을위한진 로탐색(8)		IC-PBL과 역량개발(1)				
		인공지능과미래 사회(2)	아카데믹글쓰기 (2)	학술영어1:통합 (2)	학술영어2:글쓰 기(2)					
		소프트웨어의이 해(3)	초급중국어(2)							

한양대학교 소프트웨어융합대학 인공지능학과에서는 기술의 깊이를 위해 수학 교육, 컴퓨터의 구조와 원리를 이해할 수 있는 컴퓨터 시스템 관련 교육, 소프트웨어 개발을 위한 다양한 프로그래밍 교육, 데이터 수집·분석·시각화 교육, 그리고 기계학습, 심층학습, 강화학습 등과 같은 고급 인공지능 교육 등 매우 체계적인 교과과정을 제공합니다.

이러한 최상의 교과과정을 운영하기 위해 최첨단 강의실 및 전용 실습실, 창의적 협업 공간(Software Factory), 그리고 국내 최고 수준의 인공지능 전용 수퍼컴퓨터를 갖추고 있어요. 창업을 위한 전용 창업공간 및 다양한 창업 지원 프로그램을 통해 한국의 딥마인드 설립을 꿈꾸는 창의적이고 도전적인 학생들을 적극적으로 지원할 모든 준비가 되어 있어요.

경기도와 한양대 에리카캠퍼스는 과기부가 공모한 '인공지능융합연구센터' 사업에 선정되어 AI분야 기술 보급과 확산에 주력하고 있어요. 휴먼 식품감정평가를 위한 AI 학습용 데이터 구축, 수면다원검사를 대체하기 위한 시계열 데이터 분석 인공지능 알고리즘 개발, 인공지능에 기반한 외래환자 대기시간 예측, 얼굴 식별을 이용한 얼굴 비식별화 시스템, 다중 스마트컨트랙트 취약점 탐지를 위한 퍼징기술 연구, 질확대경검사 자동화를 위한 다중 이미지 분류모델 개발 등 탐구 분야가 매우 넓다는 것을 알 수 있을 것입니다.

현장 중심의 인공지능 혁신연구를 위한 고대 안산병원, 경기바이오센터 등의 협력기관과 롯데정보통신, LG유플러스, 인실리코젠, 유신C&C, 젠트리거, 휴온스 기업과의 협업을 통해 실무능력을 키우고 있습니다.

06

인공지능학과를 위한
과목 선택

2022 개정교육과정에서는 융합선택과목과 진로선택과목으로 세분화되어 자신이 전공하고자 하는 분야에 대해 깊이 배울 수 있도록 선택과목의 폭을 넓혔습니다.

교과	선택과목		
	일반선택	융합선택	진로선택
국어	화법과 언어 독서와 작문 문학	독서 토론과 글쓰기 매체 의사소통	주제탐구 독서 문학과 영상
수학	대수 미적분I 확률과 통계	실용통계 수학과제 탐구	미적분II 기하 인공지능 수학 심화수학I, II 고급수학I, II
영어	영어I 영어II 영어독해와 작문	실생활 영어회화 미디어 영어	영어 발표와 토론 심화영어 심화영어 독해와 작문
사회	사회와 문화 현대사회와 윤리	역사로 탐구하는 현대세계 사회문제 탐구 윤리문제 탐구	도시의 미래 탐구 법과 사회 윤리와 사상 인문학과 윤리

과학	물리학 화학 생명과학 지구과학	과학의 역사와 문화 기후변화와 환경생태 융합과학 탐구 물리학실험	전자기와 빛 물질과 에너지 과학과제 연구 고급 물리학
교양	논리학 진로와 직업 정보	프로그래밍 데이터과학 빅데이터 분석	지식재산 일반 정보과학

☑ 인공지능학과에서는 어떤 내용을 배울까요?

인공지능이라고 해 알고리즘, 머신러닝, 딥러닝만 중요하다고 생각하는데, 많은 양의 데이터 중에서 소비자가 원하는 정보를 추출할 수 있는 데이터 분석 능력도 중요합니다. 그 외에는 공학계열에서 배우는 컴퓨터 시스템이나 자료구조, 이산수학, 네트워크 프로그래밍 등을 학습합니다.

☑ 인공지능학과를 희망하는 경우 고등학교 때는 어떤 과목을 선택하면 좋을까요?

우선은 인공지능 수학을 선택해 기본적인 프로그래밍을 배우고 실생활의 문제를 해결해 보면 좋아요. 간단한 예로 "지구의 온도변화로 인해 물가가 상승한다."라는 주제로 간단한 직선 방정식을 나타낼 수 있어요. 그런데 날씨에 따른 주가의 변화를 기간에 따라 기록하면 그 값은 무척 유동적입니다. 이때 인공지능 수학을 배우게 되면 선형회귀이론(Linear regression) 즉, 최소제곱법(Least square method)을 사용해 선형회귀모델을 세우면 됩니다. 이런 데이터들을 조금 더 잘 예측할 수 있도록 딥러닝(Deep Learning)을 같이 병행해 사용해도 됩니다.

확률과 통계 과목을 듣는 것도 추천합니다. 현실에서 일어나는 일은 우연성을 가지고 있기에 이런 현상이 나타날 수 있는 이유를 확률로 설명할 수 있어요.

인공지능 분야에서도 상황을 판단하기 위해 가장 적합한 방법이 확률이라고 생각하기 때문입니다. 또한 현상을 추측할 때 관측한 결과들은 이산확률변수로 취급하고, 이를 이용해 일어날 사건에 대한 확률을 과거의 데이터로부터 추측합니다. 그리고 적당한 연속확률분포를 선택해 적은 수의 시행만으로도 앞으로 일어날 일을 확률을 활용해 예측을 높일 수도 있어요.

확률과 통계나 인공지능 수학을 듣고 나서 직접 현실 속의 문제를 반영하여 프로그래밍을 구성하는 것도 좋아요. 한 친구는 파이썬을 공부하다가 재귀함수에 대해 관심이 생겨 공부를 하기도 합니다. 우리가 알고 있는 수열이 대표적인 재귀함수이기 때문에 이를 활용하여 수열을 간단하게 파이썬으로 표현하기도 해요. 이때 무한루프에 빠져 원하는 값을 못 구하는 경우도 종종 있어요. 이 문제점을 쿼드트리 문제로 재귀함수를 활용하여 해결하기도 했어요. 직접 프로그래밍을 해 본 친구들은 인공지능의 원리를 더 쉽게 이해할 수 있죠.

학생들이 실생활에서 많이 활용하는 사례는 교내나 한 지역의 최단거리를 프로그램으로 만들기도 해요. 이때 다익스트라 알고리즘을 통해 최단경로를 구하는 경우도 많죠. 인공지능이 단순히 데이터만 처리한다고 생각하면 안 되는 거 알죠? 이처럼 문제 해결을 위해 인공지능을 사용해야 가치가 있습니다.

인공지능에 관심이 많은 학생들은 많은 데이터를 효율적으로 처리할 수 있는 방법에 대해 호기심을 가지는 경우도 많습니다.

물리학II에서 양자역학을 배우고 이를 활용한 양자컴퓨터의 원리와 장단점을 조사할 수도 있어요. 우리가 알다시피 양자컴퓨터는 확률을 사용하여 두 개의 상태를 동시에 나타낼 수 있는 큐비트를 사용한다는 것을 알 수 있어요. 동시에 많은 경우의 수를 확인할 수 있기 때문에 암호해독이나 경로 찾기 등에 사용될 때 효율적이라는 사례를 직접 찾아보는 것도 좋겠죠. 하지만 단점도 한번 정도는 생각해 보는 것도 좋아요. 양자컴퓨터의 경우는 극저온에서만 사용될 수 있다는 것이 아쉽죠. 그럼 이 문제에 대한 대안들을 동아리 활동이나 아님 토론 활동에서 발표를 하는 것도 좋아요. 양자 컴퓨터를 공부하면서 같은 양자 상태에 있는 입자가 분리되는 순간 서로 반대되는 각운동량을 갖는 특징인 '양자 얽힘'에 대해 조사하는 것도 좋은 세특 사례가 될 수 있습니다. 또한 '시카모어'를 언급하면서 '현실에서 양자역학의 원리를 사용하는 것이 가능하다'라는 논리를 세우는 것도 한번쯤 생각해 볼 수 있는 주제예요.

인공지능 윤리 또한 공학도에게는 꼭 필요해요. 인공지능 기술은 우리 사회의 이익을 극대화하고, 공동체 전체에게 혜택이 돌아가도록 발전하고 있지만, 인간에게 위협을 줄 수 있다는 전제로 이를 고려해 개발해야 합니다. 이런 문제들을 해결하기 위해 사회문제 탐구, 윤리문제 탐구 과목을 공부하면 좋겠지요. 예를 들어 '인공지능 발전이 사회에 미치는 영향'이라는 주제를 탐구해 볼 수 있어요.

이 외에도 탐구역량을 키우기 위해 융합과학탐구나 과학과제탐구를 통해 실생활의 문제점을 직접 프로그래밍하는 것도 추천합니다.

07

인공지능 관련
재미있는 탐구활동

① AI 휴지통 만들기 탐구

우리가 늘 사용하는 휴지통은 위생적이지 않습니다. 더러운 것이 묻어 있는 경우가 많아서 손을 대지 않고 사용하면 더할 나위 없이 좋을 겁니다. 그래서 발로 밟아서 여는 휴지통이 도입되기도 했죠. 그보다 더 진보해 근처만 가도 자동으로 열리고 뚜껑도 저절로 닫히는 휴지통이 있으면 위생면에서는 걱정할 일이 없을 거예요. 이런 사안들을 고려해 휴지통 손잡이 부분에 초음파 센서를 설치해 자동으로 열리고 닫히는 휴지통을 만들어 보는 탐구를 해 보면 어떨까요?

→ 아두이노 초음파센서를 활용해 AI 휴지통 제작 탐구하기

기사명		관련 영역	
주제명			
읽게 된 동기			
탐구 내용			
느낀 점			
추후 심화 활동			
학생부 브랜딩			

② 미디어 영상 추천 알고리즘 탐구

Youtube와 Netflix는 이용자의 시청 영상과 시간에 대한 기록을 머신러닝에 도입하면서 개인화된 추천을 본격화하였습니다. 비슷한 시청 패턴을 가진 사람들을 같은 그룹에 묶는 방식과 시청자가 영상을 시청한 뒤 태그(메타데이터)한 것을 바탕으로 보다 효과적으로 추천하는 알고리즘을 탐구할 수 있습니다.

→ 영상 추천 알고리즘을 분석해 이를 개선하는 방법 탐구하기

출처 : 영상 추천 서비스의 개선을 위한 영상 미디어의 메타데이터 자동생성 방법에 대한 연구(한국기술교육대학교_유연휘 외 3)

기사명		관련 영역	
주제명			
읽게 된 동기			
탐구 내용			
느낀 점			
추후 심화 활동			
학생부 브랜딩			

③ 필체인식을 통해 치매 감별 탐구

네이만-피어슨 추정방법은 필적을 감정하는 기술입니다. 그런데 노인들이 치매를 앓게 되면 글씨체가 변화되는데 이를 분별할 수 있는 능력 또한 중요해지고 있죠. 필적의 변화를 통해 치매를 감별하는 데 활용할 수 있다는 것에 착안해 탐구할 수 있습니다.

→ '치매 걸려 바뀐 글씨, 유언장 분쟁 급증' 기사를 보고 필적의 변화를 구분할 수 있다는 것을 활용해 치매여부 감별 탐구하기

기사명		관련 영역	
주제명			
읽게 된 동기			
탐구 내용			
느낀 점			
추후 심화 활동			
학생부 브랜딩			

인간과 함께
생활하는 협동로봇

01

AI 협동로봇의
무궁무진한 활용 분야

스마트팩토리 : 설계·개발, 제조 및 유통·물류 등 생산과정에 디지털 자동화 솔루션이 결합된 정보통신기술(ICT)을 적용해 생산성, 품질, 고객만족도를 향상시키는 지능형 생산 공장이다.

협동로봇은 사람의 일자리를 뺏는 것이 아닌, 함께 일을 하고 노동환경의 질을 높여주는 역할을 합니다. 스마트팩토리의 방향과 흐름을 제대로 만들기 위해서는 사람이 꼭 필요한데요. 그러다 보니 사람과 함께 협업할 협동로봇이 더욱 중요해졌지요.

〈글로벌 산업(제조)용 및 협동로봇 시장 성장 전망〉

(단위: 억 달러, %)

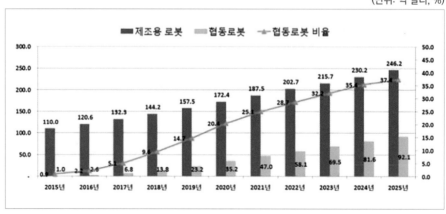

출처 : 한국과학기술기획평가원

☑ 협동로봇에 필요한 기본 기능은 무엇일까요?

　로봇과 협업작업을 하려면 인간과 로봇 간의 충돌을 최소화해야 합니다. 협동로봇의 안전요구 조건을 살펴보면 안전 감시모드, 핸드 가이딩, 속도 및 이격거리 감시모드, 동력 및 힘을 제한할 수 있는 기능이 필요합니다.

이격거리 : 위험물이나 혐오시설이 주거시설 및 도로 등에서 얼마만큼 떨어져 있어야 한다고 정한 것을 가리킨다.

출처 : MakretsandMarkets(2017)

☑ 협동로봇은 어떻게 동작할까요?

　협동로봇은 안전펜스 없이 활용되고 있기에 사람과 비슷한 방식으로 움직여야 작업자가 그 행동을 예측할 수 있습니다. 이를 위해 관절이 많은 협동로봇을 구현해 다양한 작업이 가능하도록 하였습니다.

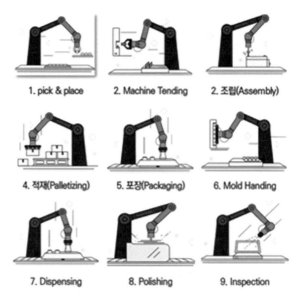

1. pick & place   2. Machine Tending   2. 조립(Assembly)

4. 적재(Palletizing)   5. 포장(Packaging)   6. Mold Handing

7. Dispensing   8. Polishing   9. Inspection

출처 : MakretsandMarkets(2017)

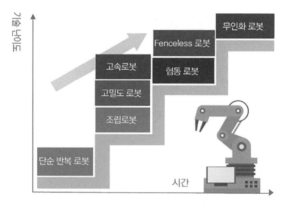

자동화	자율화	지능화
단순 반복 작업	자율적 다양한 작업	자율적 응용 작업
노동 대체 작업	고정 환경 작업	비고정 환경 작업

출처 : 김광석 외(2018), Trade Focus 34호

협동로봇은 4차 산업혁명 시대가 원하는 생산유연성 향상, 다품종 소량생산, 노동의 질을 높여줄 대안으로 인식되어 다양한 분야, 공간에서 활용되고 있습니다.

공간들의 특징에 따라 다양한 환경적 요인을 가지며, 공간의 형태에 따라 요구되는 작업과 사양이 달라집니다. 그래서 제조업 생산체제가 소품종 대량생산을 하던 방식에서 다품종 소량생산에 알맞은 적합한 셀 방식으로 전환되어 협동로봇의 역할이 더욱 중요해졌어요.

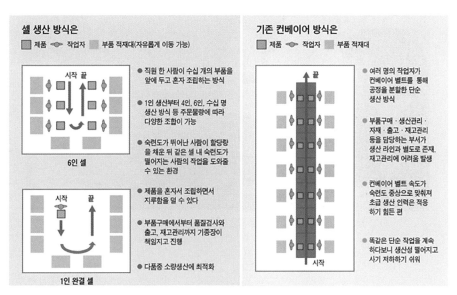

출처 : 한국로봇산업진흥원(2020) 재인용, Trade Focus 34호

① 의료현장에서의 협동로봇의 활용

인간의 수명연장으로 인해 고령화 사회로 변화되고, 빅데이터, IT 발전, 그리고 코로나 19로 인한 일손 부족으로 의료용 로봇 필요성이 커지고 있어요.

사람의 생명과 연관되어 있는 의료현장은 정확한 기술과 작업이 필요한 곳이라 사람과 함께하는 협동로봇이 필요합니다. 헬스케어 의료용 로봇 시장규모는 2020년 59억 달러에서 2025년에는 16.5% 증가한 127억 달러 규모가 될 전망입니다.

로봇팔을 활용한 재활운동 사례(뇌졸증 환자)

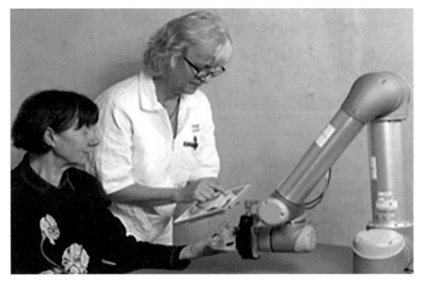

출처 : 재활 치료 파트너로서 환자를 도와주는 협동로봇 (The University of Southerm Denmark)

복강경 수술시 줌 인, 줌 아웃 협동로봇 사례

로봇팔에 실시간 추적 트래킹이 가능하고, 검사과정을 녹화할 수 있는 카메라를 장착해 복강경 검사에 도움을 줍니다. 의사가 줌 인, 줌 아웃 등 명령어를 하면, 즉시 명령어를 실행해 의사 혼자서도 수월하게 수술을 할 수 있어요.

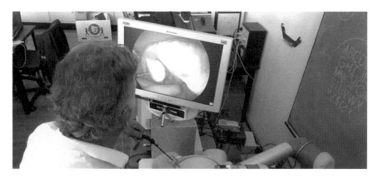

출처 : 디티유 일렉트로 공과대학에서 의사와 협업하는 로봇(유니버셜 로봇)

인공수정체 제조 협동로봇 사례

오로랩(Aurolab)은 인공수정체를 제조하는 제조업체로 유니버셜 협동로봇을 도입해 인공수정체 운반 및 보관 업무를 수행합니다. 인공수정체는 백내장 수술 후 시력 회복을 돕는데, 제조공정에서 자재관리, 부품이동 등의 작업이 정밀하게 이루어져야 합니다. 작동이 편리한 유니버셜 협동로봇을 추가로 7대 더 도입한 후 제품산출량이 15% 증가하고 있어요. 그 결과, 생산성과 효율성, 두 마리 토끼를 다 잡았어요.

출처 : 인도의 안과용 제조업체에서 활용되고있는 협동로봇(유니버셜 로봇)

초지능 AI 수술 협동로봇 사례

하버드대 연구팀은 레이저 마이크로 반자동화 소형수술 로봇을 개발하였는데, 로봇이 레이저를 정교하게 제어해, 수술 부위 발견속도도 빠르고, 정확도 역시 매우 뛰어납니다.

미세수술 협동로봇으로 허리 통증 치료 사례

경막 외 신경성형술 시술 방법은 먼저 시술 전 MRI를 통해 병변 위치를 파악하고 척추 꼬리뼈 부분을 국소 마취한 뒤, 구멍을 통해 경막외 공간으로 특수한 카테터를 삽입합니다. 그런 뒤, 중추신경과 신경가지에 생긴 염증 유발물질 및 유착들을 제거해 신경이 압박받는 부위를 치료하는 시술입니다. 이를 미세수술 협동로봇이 돕고 있지요. 재발을 막기 위해 특수 처방

카테터(Catheter) : 인체 기관 내에 있는 액 배출 혹은 약제의 주입 등에 사용되는 고무 또는 금속제의 가는 관을 말한다.

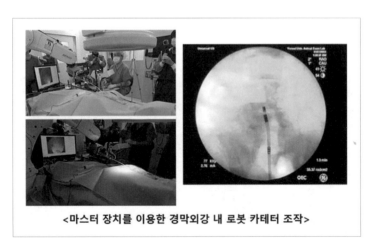

<마스터 장치를 이용한 경막외강 내 로봇 카테터 조작>

출처 : 닥터 허준(한국과학기술연구원 의료로봇연구단)

된 약제를 주입하거나 레이저를 통해 탈출된 디스크 조직을 제거하는 기능도 협동로봇이 수행합니다.

② **푸드테크**

코로나 19로 인해 비대면 서비스가 많아지고, 4차 산업혁명으로 첨단기술이 식품 분야에도 영향을 끼치게 되었어요. 이로 인해 푸드테크가 현실화 되면서 인공지능 협동로봇들이 커피나 디저트를 만들고, 서빙하는 모습들을 볼 수 있게 되었어요. 점차 협동로봇이 식품생산, 유통 가공, 서비스, 배달 분야까지 자리 잡기 시작했습니다.

출처 : 다양한 분야에 활동되는 협동로봇(유니버설 로봇)

포장용 협동로봇 사례

스웨덴의 아트리아 스칸디나비아(Atria Scandinavia)에서는 매일 특산품 등에 라벨을 붙이고 포장해 팔레트에 적재합니다. 유니버설 로봇 UR5 로봇 두 대와 UR10 한 대로 이루어진 생산라인은 간단한 프로그래밍을 통해 제품 파트를 전환하는 데 6시간이 소요되던 과정을 20분 정도로 줄여 효율성과 생산성을 높였고, 종이상자 사용량을 20% 줄였어요.

출처 : 아트리아 스칸디나비아(Packaging World)

셰프 협동로봇 사례, 카페봇

카페봇은 유니버설 로봇의 UR3, UR5을 사용합니다. 드립봇과 디저트봇은 정교한 작업이 가능한 가장 작은 모델인 UR3을 사용하고, 드링크봇은 프로그래밍하기 쉽고 빠른 설치가 가능한 UR5 모델을 사용하고 있어요. 디저트봇은 드로잉을 즉석에서 해 주고, 드링크봇은 쉐이킹 퍼포먼스를 합니다.

출처 : 카페봇 UR3, UR5(유니버설 로봇)

배달의 민족 '서빙 로봇' 협동로봇 사례

담양의 한 유명 음식점을 방문했을 때 많은 사람 사이를 다니면서 음식을 옮겨주는 로봇을 보았어요. '딜리플레이트'라는 이 로봇은 음식을 담아 번호를 눌러주면 테이블까지 옮겨 주는 로봇입니다. '딜리플레이트'를 도입한 후 서빙 시간이 단축되어 손님 응대에 더 집중할 수 있다고 합니다. '딜리플레이트'보다 진화된 형태인 '딜리타워'는 실내 배달 로봇입니다. 건물 내 층간 이동까지 가능한 배달 로봇인데, 2022년부터는 인천공항에도 도입된다고 하니 경험해 보는 것을 추천합니다.

출처 : 우아한 형제

치킨을 튀기는 협동로봇 사례

아시아 최대 스타트업 축제인 '컴업(COME UP) 2021'에서 사람들의 발길을 사로잡은 것은 치킨 로봇 '롸버트 치킨'이었습니다. 로봇팔이 치킨을 튀겨주니 1인 창업도 가능합니다. 현재 프랜차이즈 사업을 실시해 곳곳에서 운영중에 있습니다.

출처 : 롸버트치킨 로봇이 닭을 튀기고 있는 모습(로보아르테)

과일을 포장하는 협동로봇 사례

두산 로보틱스는 'CES 2022'에서 스마트팜에서 자란 나무에서 사과를 재배한 뒤 포장하는 협동로봇을 선보였어요. 상용화가 된다면 농촌 일손 부족 문제를 해결하고, 수익 창출까지 이어질 수 있을 것으로 기대하고 있어요.

출처 : 두산 로보틱스

에이드를 만들어주는 협동로봇 사례

대전광역시 청사 1층에서 음료를 주문하면 로봇이 에이드를 만들어줍니다. 이 카페는 사람이 없는 '무인 로봇 카페'입니다. 무인 카페의 바리스타 로봇 'MIXX'는 혼자서 카페를 운영하고 있는데요. 고객의 반응을 모니터링 한 후 더 맛있는 에이드를 만들기 위해 고심하고 있다고 합니다. 훗날 카페의 매출을 올리기 위해 연구하고 관리까지 하는 로봇을 통해 무인카페를 개업할 수 있는 날도 멀지 않을 것입니다.

출처 : 레인보우로보틱스

③ 산업용 · 업무용 로봇

물류 운반용 협동로봇 사례

두산로보틱스는 가격을 낮춰 고객의 부담을 덜어줄 A시리즈와 25Kg이나 되는 무거운 중량을 옮길 수 있는 H시리즈를 개발했어요. A시리즈는 최고의 속도와 우수한 가속성을 구현했고, H시리즈는 물품을 동시에 운반하거나 물건을 팔레트에 적재하는 작업도 가능해, 물류 산업이나 섬유산업에 유용하게 활용될 것 같습니다.

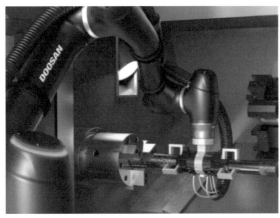

출처 : 두산 로보틱스

02

AI 협동로봇
패러다임의 변화

산업용 로봇은 어떻게 발전이 될까요?

세계 협동로봇 시장 매출액은 2020년 4.75억 달러에서 연평균 33%씩 증가해 2030년 80억 달러에 이를 것이라고 전망하고 있어요. 주요 5개국(중국·미국·일본·한국·독일)이 세계 협동로봇 시장의 90%를 차지하고 있습니다. 주요 5개국 연간 판매 대수를 국가별로 본다면 중국 33%, 미국 18%, 일본 18%, 한국 11%, 독일 10%입니다.

국가별 협동로봇 관련 누적 특허출원수를 보면 중국은 2295건, 미국 579건, 일본 521건, 유럽 300건, 한국 215건으로 우리나라는 다소 뒤처져 있어요. 국내 특허는 가와사키중공업 31건, 포스코 9건, 아이로봇 7건, 대구 경북과학기술원 7건, 뉴로메카 7건으로 한국기업의 특허수가 적다는 것을 알 수 있습니다.

세계 주요 협동로봇 기업 시장 점유 현황을 보면 덴마크의 유니버셜 로봇이 거의 절반을 차지하고, 일본의 화낙, 대만의 테그만이 비슷한 비중을 차지하고 있어요.

비전시스템 : 로봇이 물체를 보거나 적당한 위치를 파악할 수 있는 능력을 갖게 하기 위해 데이터를 수집해 영상 데이터를 형성하는 시스템을 말한다.

유니버셜 로봇은 BMW, 포드, 국내 자동차, 전기·전자 기업에 협동로봇을 제공하고 있어요. 유니버셜 로봇은 2017년까지 국내로 수입되는 협동로봇의 대부분을 차지하였는데, 저가의 협동로봇을 만드는 AUBO Robotics(중국), 비전시스템이 내장된 Techman Robot(대만) 등이 경쟁중입니다.

세계 협동로봇 연간 판매 대수의 국가별 점유율 전망(2025)

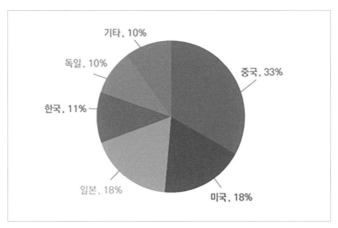

출처 : HMC Investment Securities(2018.5) (Trade Focus 34호)

국가별 협동로봇 관련 누적 특허출원 수(2010~2019)

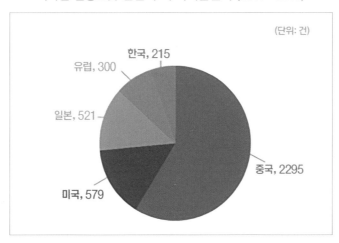

출처 : 특허청(2021) (Trade Focus 34호)

세계 협동로봇 기업의 다양한 제품들

협동로봇의 분야별 활용은 전기·전자, 자동차에 많은 비중을 두고 있어요. 그리고 금속·기계, 식음료, 반도체 등 다양한 분야로 확대되고 있지요.

협동로봇의 공정별 활용 비중 전망을 보면 자재 핸들링, 조립, 파지·이송의 3개 공정에서 다양하게 활용되고 있어요. 앞으로도 3개 공정은 계속 높은 비중을 유지할 것입니다.

출처 : 정용복(2019) (Trade Focus 34호)

세계 주요 협동로봇 기업 시장점유 현황(2017)

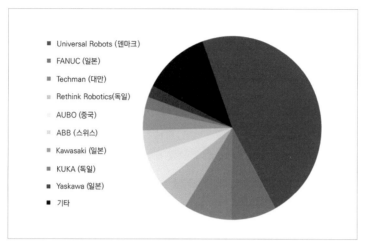

- Universal Robots (덴마크)
- FANUC (일본)
- Techman (대만)
- Rethink Robotics(독일)
- AUBO (중국)
- ABB (스위스)
- Kawasaki (일본)
- KUKA (독일)
- Yaskawa (일본)
- 기타

출처 : Interact Analysis(2019.1) (Trade Focus 34호)

협동로봇의 분야별 활용 비중(2019)

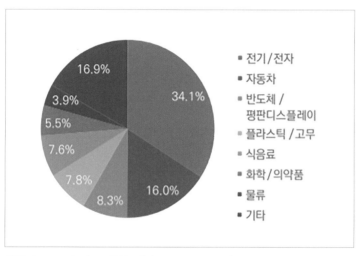

- 전기 / 전자
- 자동차
- 반도체 / 평판디스플레이
- 플라스틱 / 고무
- 식음료
- 화학 / 의약품
- 물류
- 기타

출처 : Interact Analysis (2021.2) (Trade Focus 34호)

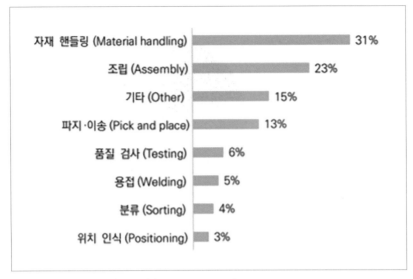

출처 : Interact Analysis (2021.6) (Trade Focus 34호)

2022년 우리나라 정부예산안 가운데 로봇부문 예산은 1,842억 400만 원으로 최종 확정되었고, 협동로봇 안전인증 및 위험성 실증기반 구축사업은 18억 4800만 원으로 책정되었어요. 국내 산업용 로봇시장 내 협동로봇이 차지하는 비중은 2018년 5%에서 2022년 13%로 증가되었는데, 이는 사회의 수요를 반영한 결과입니다.

기업의 영세성과 내수시장의 포화로 인해 산업용 로봇산업이 주춤하고 있는데요. 이 문제를 해결할 대안은 바로 협동로봇입니다. 대다수 중소기업은 시스템 호환성 부족과 비용 부담 때문에 스마트 제조에 어려움을 겪고 있습니다. 하지만 적은 비용으로 즉시 투입할 수 있는 협동로봇은 기존의 자동화 설비에 부족했던 유연성을 보완해 스마트 제조에 도움을 줄 것입니다.

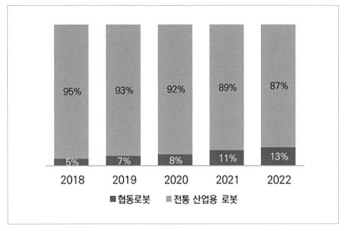

산업용 로봇시장 내 협동로봇 매출 비중 추이

출처 : Statista통계 (2021) (Trade Focus 34호)

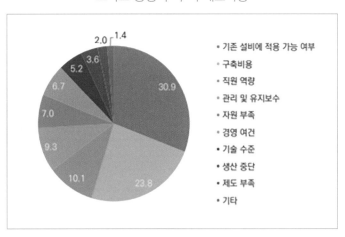

스마트 공장 구축 시 애로사항

출처 : 정보통신산업진흥원(2019) (Trade Focus 34호)

우리나라는 핵심부품(모터, 감속기, 센서 등) 및 S/W부문 자체 기술력이 부족해 핵심부품의 수입 의존도가 업계 평균 60% 이상이지만, 협동로봇·부품기업, SI기업, 연구기관·대학 등 기관들이 얼라이언스를 구축해 자체 부품개발에도 노력을 하고 있기 때문에 앞으로 더욱 발전할 것으로 기대됩니다.

국내 주요 협동로봇 제조기업의 연 매출액 추이(2017~2020)

(단위 : 십억원)

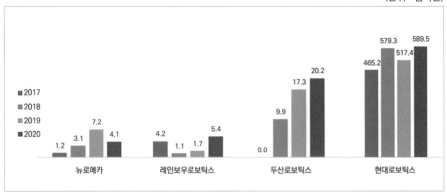

출처 : 각 기업 사업보고서 참고 (Trade Focus 34호)

2020년 11월 대구에서는 이동식 협동로봇 규제자유특구 발대식이 있었습니다. 이날 국내 로봇 대기업 4개사는 이동식 협동로봇 활성화를 위한 업무협약을 체결했습니다. 이를 계기로 18개 특구사업자(한국로봇산업진흥원, 유성정밀공업, 아진엑스텍 등)와 4개 협력기업(현대로보틱스, 두산로보틱스, LG전자, 한화기계)이 로봇 융·복합 신산업 시장 창출과 확산을 도모할 계획입니다. 또한 2024년까지 협동로봇의 활용범위 확대를 위한 연구와 이동식 협동로봇 시장을 선도할 계획도 세우고 있습니다.

03

AI 협동로봇의 필요성

주 52시간 근무제 도입과 중대재해처벌법이 2022년 1월 27일부터 시행됨에 따라 기업들은 인건비를 줄이면서 생산성을 향상시키고 안전성까지 보장하기 위해 협동로봇을 도입하고 있어요. 제조과정을 무인화, 자동화, 효율화하기 위해 로봇을 활용하는데 크기가 크고, 비용이 많이 들어가는 산업용 로봇보다 안정성이 높고, 프로그래밍이 쉬운 협동로봇이 주목을 받고 있어요. 협동로봇은 차지하는 면적도 적기 때문에 활용하기가 무척 좋다고 합니다.

중대재해처벌법 : 산업안전보건법상 산업재해 중 사망자가 1명 이상 발생하거나, 6개월 이상 치료가 필요한 부상자가 2명 이상 발생하거나, 동일한 유해요인으로 발생하는 직업성 질병자가 1년에 3명 이상 발생한 경우 안전조치를 소홀히 한 사업주나 경영책임자에게 1년 이상의 징역형 처벌을 내리도록 한 법안을 말한다.

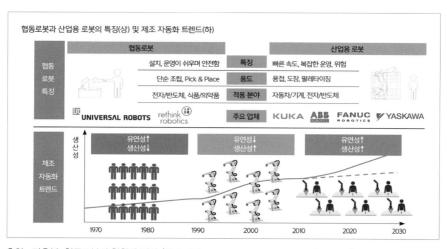

출처 : 정용복, 협동로봇의 현황과 전망 (Global Smart Factory Conference(2017.12))

☑ 협동로봇이 일자리를 빼앗을까요?

많은 사람이 '로봇이 인간의 일자리를 빼앗는다'는 생각을 합니다. 하지만 협동로봇은 사람과 협업을 하는 로봇으로 반복적이고 힘든 일은 로봇이 하고, 가치 있는 일은 사람이 진행하도록 도와줍니다. 그 결과 효율성이 높아지고, 생산성이 향상되면서 일자리가 더 늘어날 수 있지요. 덴마크 트렐레보리 실링 솔루션스는 어려운 상황에서 유니버셜 로봇의 협동로봇을 도입했습니다. 그 결과, 생산 효율이 높아져 이를 관리하는 직원을 50명 더 충원할 수 있었습니다.

☑ 협동로봇을 사용하면 비용이 많이 들까요?

협동로봇은 산업용 로봇에 비해 크기가 작아 생산라인 상황에 따라 재배치도 가능하고, 비용도 산업용 로봇의 25~30% 수준인 2000~6000만 원 수준으로 저렴합니다. 평균 투자 회수기간이 짧아서 비용이 많이 들지 않는다는 장점이 있어요.

☑ 협동로봇은 노동가능 인구 감소문제를 해결할 대안이 될까요?

인력난에 고생하는 중소기업은 산업용 로봇보다 저렴한 협동로봇을 구입해 생산성과 효율성을 상승시킬 수 있습니다. 이로 인해 노동력이 부족한 문제를 해결할 수 있지요. 그리고 인건비 절감도 가능하기 때문에 기업 입장에서는 긍정적으로 고려해 볼 필요가 있습니다.

협동로봇 개발의 필요성이 나날이 커지는 가운데, 'CES(국제전자제품박람회) 2022'에서 로봇이 큰 화두가 되었어요. 특히, 우리나라는 139개 기술 및 제품이 CES 혁신상을 수상하며, 두각을 나타내었지요. K-로봇 파워도 날로 증가하고 있는 상황입니다.

바디프렌드 '팬텀메디컬하트'는 사용자의 심전도를 측정해 심근경색, 심부전, 빈혈을 예측하는 AI소프트웨어 알고리즘을 적용해 눈길을 끌었어요. 이제 안마 의자에 앉아 가정에서도 헬스케어를 받을 수 있습니다.

영화 〈기생충〉에서 가사도우미가 맛있게 만들어줬던 짜파구리 기억하시죠? 정확한 레시피를 숙지하고 쿠킹 로봇이 짜파구리를 만들어준다면 항상 균일한 식감과 맛을 느낄 수 있을 것입니다. 비욘드 허니컴은 AI기술로 쿠킹로봇을 만들어 회사식당이나 학교 급식소 등 다양하게 활용해 늘 맛있는 점심을 만들어 줍니다.

04

로봇공학 계약학과

구분	학교명	
특성 화고	경남로봇고 (경남 함안군)	로봇소프트웨어과
		스마트로봇전기과
		로봇제어과
	서울로봇고 (서울 강남구)	첨단로봇설계과
		첨단로봇제어과
		첨단로봇시스템과
	경상공고 지능형로봇과(대구 남구)	
	광운전자공고 전자로봇과(서울 노원구)	
	덕일전자공고 로봇드론과(서울 구로구)	
	부산기계공고 전자기계과(로봇제어)(부산 해운대구)	
	안강전자고 로봇전자과(경북 경주시)	
	양영디지털고 디지털로봇과(성남시 분당구)	
	유한공고 로봇전기과(서울 구로구)	
	한양공고 자동화로봇과(서울 중구)	
	전북기계공고 로봇자동화과(전북 인산시)	
전문 대학	동양미래대 로봇공학과(서울 구로구)	
	부천대 자동화로봇과(경기 부천시)	
	폴리텍대학 로봇캠퍼스(경북 영천시)	
	폴리텍대학 홍성캠퍼스 스마트자동화시스템과	
	폴리텍대학 광주/울산캠퍼스 자동화시스템과	
	폴리텍대학 창원캠퍼스 스마트팩토리과	
	폴리텍대학 울산캠퍼스 스마트융합제어과	

대학	광운대 로봇학부
	동국대 기계로봇에너지공학과
	동의대 기계자동차로봇부품공학부
	순천향대 스마트팩토리공학과
	상명대 휴먼지능로봇공학과
	창원대 로봇제어계측공학전공
	충북대 지능로봇공학과
	한경대 ICT로봇기계공학부
	한국공학대(산기대) 메카트로닉스공학부 AI로봇전공
	한양대 에리카 로봇공학과

경남로봇고는 경남로봇랜드재단과 협약을 통해 연계교육 과정을 운영하고 있으며, 현대로보틱스, 한국화낙에서 기술교육을 실시하고 있습니다. 1학년은 우리나라 산업용 로봇 점유율 1위 기업인 현대로보틱스에서 산업용 로봇 기술교육을 받습니다. 2학년은 현대로보틱스, 한국화낙기술연구소에서 로봇 조작기술을 배우는데요. 현대로보틱스와 한국화낙은 산업용 로봇티칭(조작) 영역과 유지·보수 프로그램을 실시합니다. 3학년은 경남로봇랜드재단의 지능형 로봇교육과 현장 실무교육을 실시합니다. 경남로봇재단의 연계교육 과정을 이수한 학생은 경남로봇산업협회사(41개 기업)에 취업할 수 있습니다. 뿐만 아니라 현대로보틱스 등 대기업에도 취업할 수 있지요.

동양미래대 로봇공학과는 로봇산업의 성장속도에 따른 이공계 학과 간 융합으로 다양한 프로젝트를 해결할 수 있는 능력을 배양해 주고 있어요. 이 학과는 로봇공학과(3년제) 전문학사학위과정과 자동화시스템공학과(1년제) 학사학위과정을 운영하고 있는데요. 로봇의 핵심 기술인 마이크로프로세서 응용 기술과 프로그래밍 기술, 자동화 설비 구동기술, 기계요소 기술, 디지털 및 회로기술 등을 실습 위주로 교육하고, 다양한 창의적 작품을 제작해 볼 수 있습니다. 또한 로봇 분야뿐만 아니라 제어, 자동화 등의 산업체에 폭넓게 진출할 수 있어 인기가 많은 학과입니다.

광운대 로봇공학부에 입학하면 정보제어전공과 지능시스템전공을 선택할 수 있어요. 광운대는 우리나라 최초의 로봇 전문학부를 운영하고 있는데요. 로봇공학의 경우는 기계, 전기, 전자, 전산, 제어 등의 다양한 학문들이 유기적으로 밀접하게 연계되어 있어 다양한 각도로 문제 해결 능력을 키울 수 있습니다. 또한 이·공계 분야뿐 아니라 사회, 문화, 예술 등의 인문학적 소양까지 접목해 미학적인 로봇을 개발하는 프로그램도 참여할 수 있고, 광운대의 자랑이라 할 수 있는 로봇게임단 'ROBIT'을 직접 운영해 보면서 보완할 수 있는 능력도 키울 수 있습니다.

한양대학교 스마트융합공학부는 63개의 협약기업을 보유하고 있습니다. 또한 이 학교는 '4차산업혁명 혁신선도대학'으로 선정되어 CARE Lab을 운영하고 있는데요. 로봇융합전공 학생들은 이곳에서 다양한 형태의 협동로봇, 3D 프린터 및 소형 공장기계, 회의실 등을 설계하며 제작능력까지 쌓을 수 있습니다.

05

로봇공학 교육과정

① 서울로봇고등학교

1학년	2학년	3학년
프로그래밍 기계요소 설계 로봇요소 전기전자회로	응용 프로그래밍 개발 프로그래밍(자바) 센서응용실무 산업용로봇제어 로봇설계 로봇제작	로봇 하드웨어 설계 응용 프로그래밍 화면 구현 사물인터넷 실무 임베디드 시스템 제어 PLC제어 기계요소 설계
프로그래밍 전기기기 기계요소 설계 전기전자회로	빅데이터 분석 프로그래밍(자바) 로봇모션제어 산업용로봇제어 로봇설계 로봇제작	로봇 소프트웨어 개발 응용 프로그래밍 화면 구현 사물인터넷 실무 임베디드 시스템 제어 PLC제어 기계요소 설계

서울로봇고등학교는 로봇분야 마이스터고로 현장 중심 교육과정 운영과 학생맞춤형 취업 진로지도, 그리고 고도의 전문성을 갖춘 동아리 활동 등 학교 측의 전폭적인 지원과 교사들의 열정이 더해지면서 서울시 최고의 특성화고로 거듭날 수 있게 되었어요. 특히 국제 교류프로그램도 경험할 수 있고, 3년 연속 서울시 취업률이 1위일 정도로 각종 산업 분야에서 러브콜을 받고 있는 학교입니다.

취업하는 학생들의 대부분은 공기업과 대기업, 로봇 관련 기업에 입사하고 일부는 군 특성화 과정을 선택해 군정보통신 분야에서 부사관으로 커리어를 쌓을 수 있어요.

현재 이 학교에서는 고교학점제 시행에 맞춰 부전공제를 채택 운영하고 있는데요. 첨단로봇설계과 학생이 로봇제어과 학점을 이수하면 복수전공을 인정하는 시스템입니다. 융합적으로 사고하고 실천하는 교육을 통해 더욱 복합적인 기술력을 갖추는데 포커스가 맞춰져 있어요. 복수전공이 학생들의 취업에 유리한 것은 누구나 알고 있겠죠.

특히 학생들을 위해 5층짜리 실습동 한 층을 학생들의 동아리 활동 공간으로 제공하고, 각 산업체 전문가들을 초빙해 특강을 하거나 관련 분야 전문가 지도 아래 실습기회를 제공하고 있답니다.

② 서울대 기계공학부

1학년	2-1	3-1	3-2	4-1	4-2
창의공학설계	고체역학	기계제품설계	재료와 제조공정	컴퓨터 시뮬레이션과 설계	자동차공학
공학수학	열역학	기계진공학	시스템제어이론	환경열공학	최적에너지 시스템설계
		응용유체역학	응용열역학	최적설계	생체유동
2-2		내연기관	컴퓨터이용설계 및 제작	음향시스템공학 개론	통합기계설계 및 해석
공학수학		로봇공학입문	열전달	유동과 설계	기계시스템설계
동역학		센서개론	마이크로기전 시스템의 기계공학응용	마이크로-나노 기계공학	기계산업경영

유체역학	기계공학실험	기계공학실험	기계시스템설계	생체역학과 기계공학적 응용
역학과 설계	메카트로닉스	메카트로닉스	기계산업경영	메카노바이오 공학
	기계시스템 모델링/제어		역학과 파동	
			고체강도거동학	
			마이크로나노 가공생산	

서울대 기계공학부 로봇 자동화 실험실에서는 로봇 조작, 동작 최적화, 제어, 학습, 설계 등을 주로 연구하고 있는데요. 통합적으로 리그룹과 미분기하학에서의 개념과 도구들을 사용해 최적 경로 생성을 위한 실시간 알고리즘, 제약 조건하에서 표본 추출 기반의 동작 계획, 기계학습을 이용한 로봇 동작 학습 및 프로그래밍 등을 합니다.

리그룹 : '재편성하다.', '재정비하다.'라는 뜻이다.

바이오로보틱스 실험실은 자연의 원리를 이용하고 새로운 재료와 생산 기술을 활용하는 Bio-inspired Soft Robot에 관한 연구를 수행하고 있어요. 장애인을 위한 웨어러블 로봇을 비롯한 의료용 로봇에 적용하는 기술을 연구합니다. 또한, 로봇의 새로운 패러다임인 소프트 로봇의 구조와 구동, 센싱을 통합하는 방법론에 대한 다양한 연구를 진행 중입니다.

인터랙티브·네트워크 로보틱스 연구실은 동역학 해석과 제어 기술을 로봇과 기전 시스템에 폭넓게 적용합니다. 이 외에도 시스템 설계, 모델링, 시뮬레이션, 상태추정, 제어, 사용자 평가 등의 다양한 연구를 수행하고 있어요. 중점 연구 분야로는 공중작업·조작과 햅틱·가상현실, 자율비행·이동, 원격제어, 소프트·텐던로봇, 산업제어응용 등의 연구를 수행하고 있습니다.

소프트 로봇 및 바이오닉스 연구실은 부드러운 소재를 이용한 소프트 센서 및 액츄에이터, 그리고 이들이 융합된 다양한 형태의 소프트 로봇을 개발합니다. 세부 연구 분야로는 생명체들의 메커니즘과 움직임을 분석해서 소프트 로봇·메카트로닉 시스템을 구현하는 생체모방 설계, 다양한 재료가 융합된 3차원 소프트 구조를 제작하는 스마트 공정 개발, 구조적으로 정형화되지 않은 소프트 로봇을 효과적으로 제어할 수 있는 알고리즘 개발 및 적용 등이 있습니다.

로봇 인식 및 공간 지능 연구실은 로봇의 인식에 해당하는 센싱과 이를 통한 공간 인식에 대한 연구를 수행합니다. 센서 정보를 융합해 위치를 추정함과 동시에 지도를 제작해, 공간 정보의 구성 및 로봇의 자율주행을 돕습니다. 또한 지상이동체와 수중로봇의 공간 인식, 극한 환경에서의 위치 추정, 도심 3차원 지도 제작 등의 연구를 진행합니다.

로봇을 전공하고 싶은 학생들은 인간중심 소프트로봇기술연구센터(SRRC)에 관심을 가져도 좋아요. 이곳은 소프트 로봇의 다양한 원천 기술을 발굴하고 이를 발전시켜 차세대 소프트 웨어러블 로봇 기술 개발을 목표로 과학통신기술자원부의 선도연구센터로 선정되었습니다. 또한 차세대소프트 웨어러블의 핵심인 구조·구동, 센서, 제어 세 분야에 대한 첨단 원천기술을 확보하고 관련 실험 장비 및 공간을 구축하고 있지요. 센터 내·외의 연구원들은 활발한 융합 연구와 교류를 진행해 국제적인 허브 역할을 수행합니다.

③ 한양대학교 ERICA 로봇공학과

1학년	2학년	3학년	4학년
IC–PBL과비전설계	로봇공학입문설계	고체역학	기계설계
기초로봇공학개론	어드벤쳐디자인2	Mechanism Design	로봇공학과 연구실심화실습3,4
소프트웨어의 이해	이산수학	디지털신호처리	로봇공학실험
인공지능과미래사회	정역학	로봇공학과 연구실심화실습1,2	로봇비전시스템
인공지능로봇의이해	회로이론1	사이버물리시스템	로봇캡스톤디자인2
C프로그래밍	동역학	시스템해석	기계제작공정
기초로봇공학실험	디지털논리회로설계	컴퓨터구조론	딥러닝
어드벤쳐디자인1	로봇프로그래밍	기계학습론	로봇지능
	수치계산	로봇캡스톤디자인1	
	전기전자회로	제어공학	
		지능형로봇크래쉬랩	
		협동로봇설계1	

한양대학교 ERICA 로봇공학과는 인간에게 도움을 주고 인간과 조화를 이루며 살아가는 Human-Robot-Interaction을 이루어 내는 것을 목표로 하고 있습니다. 기계, 전기·전자, 컴퓨터를 종합해 하나의 시스템으로 만들 수 있는 능력을 배양해 로봇 분야뿐만 아니라 반도체, 시스템 엔지니어로서 활동할 수 있는 전문적인 내용을 학습할 수 있도록 구성되어 있습니다.

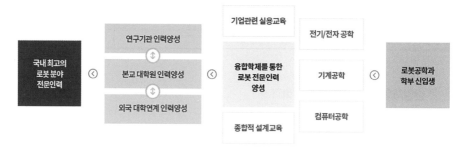

출처 : 한양대 에리카 로봇공학과

실험실로는 로봇머니퓰레이터 실습을 하는 실험실과 첨단로봇연구실이 있어 최신의 장비를 바탕으로 전문적인 실험을 할 수 있어요.

이 학과에서는 인간공학 기반의 인간-로봇 협업 제어방법을 연구합니다. 이 기술은 로봇이 인체 모델링을 통해 작업자의 자세나 작업강도 등을 실시간으로 인지해 작업자의 위험부담이 가장 적은 최적의 자세를 찾아낸 뒤, 편하게 작업하도록 작업물의 위치를 변경하도록 하는 기술입니다. 또한 머신러닝 기법 및 적응형 로봇제어 알고리즘이 적용된 인간-로봇 협업 제어 프레임 워크를 개발하는 연구를 할 수도 있습니다.

또한 고정형 협동 로봇뿐만 아니라 그룹에서 개발한 모바일 머니퓰레이터인 Mobile Collaborative robotic Assistant(MOCA)를 통해 하나의 로봇이 여러 작업자와 협력해, 각각의 작업자들에게 맞는 인간공학적 자세를 제공하는 기술을 익힐 수 있습니다.

출처 : MOCA를 활용한 여러 작업자와의 협업 시연(한양대)

④ 동국대학교 기계로봇에너지공학과

1학년	2학년	3-1	3-2	4-1	4-2
어드벤처 디자인	고체역학	센서 및 계측	특화설계	트랙별 설계 프로젝트	트랙별 설계 프로젝트
기계전산입문	기계제도	기계설계	CAD/CAM	기계공학 실험2	신소재특론
일반물리학 실험	열역학/동역학	제조공학실습	디지털 제조	CAE	진동 및 소음
미적분학 연습	로봇프로그래밍	최적화와 기계학습	로봇지능제어	로봇동역학	소프트 로보틱스
	유체역학	재료학	자율사물 시스템설계	자율로봇실습	신재생에너지
	기계공학 실험1	로봇공학	HVAC & R	에너지변환 공학	자율사물 캡스톤디자인2
	기구학	에너지응용공학	연소와 연료전지	자율사물캡스톤 디자인1	
	응용재료학	열전달	기술보고서 작성 및 발표		

동국대학교 기계로봇에너지공학과에서는 국가의 신성장 동력분야인 설계 및 생산, 로봇산업, 그리고 에너지 및 환경산업과 관련한 분야를 폭넓게 공부할 수 있습니다.

MSC 교육과정에서는 수학을 바탕으로 한 물리학, 프로그래밍을 공부할 수 있는데요. 미적분학과 심화 수학I,II까지 수강하고 물리학II나 고급물리학을 듣는 것도 추천합니다. 그리고 동아리 활동 등을 통해 다양한 팀프로젝트를 하면서 협업력을 키운다면 더욱 좋겠지요.

대학에서는 컴퓨터를 활용해 자료를 수집하고, 설계나 제도, 해석프로그램을 작성하는 활동을 하기 때문에 고등학교에서 관련 경험을 쌓는 것이 도움이 될 것입니다. 그래야 로봇 관련 산업현장에서 사용되는 상용 소프트웨어 패키지를 활용해 기계요소 및 시스템을 설계할 수 있기 때문입니다.

또한 동국대 융합전공-인텔리전스 로봇융합 전공은 어느 학과에 소속된 학생이든지 상관없이 인텔리전스 로봇융합 전공을 이수할 수 있어 나중에 진로가 변경되어도 관련 경험을 쌓아서 로봇과 관련된 직장에서 일을 할 수 있답니다.

06

로봇공학과를 위한
과목 선택

2022 개정교육과정에서는 융합선택과목과 진로선택과목으로 세분화되어 자신이 전공하고자 하는 분야에 대해 깊이 배울 수 있도록 선택과목의 폭을 넓혔어요.

교과	선택과목		
	일반선택	융합선택	진로선택
국어	화법과 언어 독서와 작문 문학	독서 토론과 글쓰기 매체 의사소통	주제탐구 독서 문학과 영상
수학	대수 미적분I 확률과 통계	실용통계 수학과제 탐구	미적분II 기하 인공지능 수학 심화수학I, II 고급수학I, II
영어	영어I 영어II 영어독해와 작문	실생활 영어회화 미디어 영어	영어 발표와 토론 심화영어 심화영어 독해와 작문
사회	사회와 문화 현대사회와 윤리	역사로 탐구하는 현대세계 사회문제 탐구 윤리문제 탐구	도시의 미래 탐구 법과 사회 윤리와 사상 인문학과 윤리

과학	물리학 화학 생명과학 지구과학	과학의 역사와 문화 융합과학 탐구 물리학실험	역학과 에너지 전자기와 빛 물질과 에너지 과학과제 연구 고급 물리학
교양	논리학 진로와 직업 정보	프로그래밍	지식재산 일반 정보과학

✅ 로봇공학과를 지원하기 위해서는 어떤 교과목을 선택하면 좋을까요?

우선 물리학I이나 물리학 실험, 고급물리학, 물리학II('역학과 에너지'와 '전자기와 빛')를 선택해 로봇공학에 기초가 되는 역학부분을 공부하는 게 좋습니다. 또한 전자기학도 로봇공학에서는 기초과목으로 배우고 있습니다.

고등학교 때는 질량, 운동량, 에너지 보존 법칙 등 물리적 법칙을 공부하고, 이를 수학적으로 표현하는 연습을 해야 합니다. 대학에서는 이 부분을 활용해 로봇공학 설계를 하기 때문이죠. 또한 4대 역학의 기초부분도 고급물리학에서 공부하는 것을 추천합니다. 동역학, 재료역학, 열역학, 유체역학이 바탕이 되어야 나중에 직접 로봇을 설계할 때 다양한 방법으로 움직임을 표현할 수 있습니다.

로봇공학 공부를 위해서는 수학도 무척이나 중요합니다. 수학은 미적분II, 수학심화수학I·II, 고급수학I·II를 공부하면서 궁금한 내용을 깊이 있게 공부해야 하죠. 기계공학이나 로봇공학의 설계를 위해 미분과 적분을 활용한 변수분리형 미분방정식이나 선형미분방정식 등이 필요하기 때문입니다.

인공지능 수학이나 기하 과목을 통해 자연어처리나 이미지 인식의 기본적인 공부를 미리 해 보는 것도 좋습니다. 자연어에 대한 기본지식을 공부하고 인문과 경제, 과학을 주제로 하는 문서를 분석해 자연어 처리의 원리를 프로그래밍

할 수 있다면, 우리 삶에 많이 사용되는 음성 인식 기술이나 외국어 번역 기술을 한번 재현해 보는 것도 좋습니다. 더 나아가 이메일이나 뉴스 기사 자동분류나 SNS의 추천 광고나 챗봇 등을 수학적으로 표현하는 방법과 이를 처리하는 원리를 조사하는 것도 좋겠지요.

심화활동을 하는 학생들의 경우는 신경망과 네트워크 계층의 수에 따른 인공지능의 정확도에 대한 토론도 할 수 있습니다.

로봇공학을 공부하는 학생들은 로봇윤리나 로봇세에도 관심이 많습니다. 이러한 내용들은 사회문제 탐구, 윤리문제 탐구, 윤리와 사상, 인문학과 윤리 등에서 심화 활동으로 학습할 수 있습니다. 이때 주위 학생들이 얼마나 로봇윤리에 관심이 있는지 설문조사를 해 보는 것도 좋습니다.

이때 학생들은 트롤리 딜레마를 많이 사용하기도 합니다. 예를 들어 이런 겁니다.

'열차가 선로를 따라 달리고 있고, 선로 중간에는 인부 다섯 명이 작업을 하고 있습니다. 그리고 당신 손에는 열차의 선로를 바꿀 수 있는 전환기가 있습니다. 다섯 사람을 구하기 위해서는 선로를 바꾸는 전환기를 당기면 되지만, 불행하게도 다른 선로에는 인부 한 명이 작업을 하는 중입니다. 다섯 명을 살리기 위해 선로 전환기를 당기면 다른 선로에 있는 인부 한 명은 목숨을 잃게 됩니다. 이는 다섯 명을 살리기 위해 한 명을 희생시키는 행위가 도덕적으로 허용될 수 있는지를 알아보는 윤리학적 실험입니다. 이럴 경우 당신이라면 어떻게 하겠습니까?'

이런 윤리적인 문제를 인공지능이 마주했을 때 어떻게 처리하도록 설계할지 고민할 필요가 있습니다.

07

로봇공학 관련
재미있는 탐구활동

① 가상현실 기기 착용을 통한 로봇 조종 탐구

재난현장에 투입될 로봇개발의 필요성이 높아지고 있는 가운데 서울대가 CES 2022에서 '토가비'를 선보였습니다. 이 로봇은 조종자가 VR(가상현실) 기기를 착용하고 움직이면, 로봇이 조종자를 따라 행동하는 방식이라 사람이 가기 어려운 재난현장에서 구조작업을 원활하게 할 수 있습니다.

토가비 : 전래동화 속 사람을 도와주는 '도깨비'를 본떠 이름을 지었다.

→ 헬로앱스의 VR 코딩 SW을 활용해 로봇을 조종 탐구하기

기사명		관련 영역	
주제명			
읽게 된 동기			
탐구 내용			
느낀 점			
추후 심화 활동			
학생부 브랜딩			

② 다양한 재난 상황에서 이동할 수 있는 지네 로봇 탐구

지네는 3개의 다리가 하나의 지점을 밟고 지나가면서 공간이 빈 곳도 이동할 수 있습니다. 이점을 착안해 다양한 재난상황에서 활용할 수 있는 이동방법에 대해 알아볼 수 있습니다.

→ 실제 지네와 지네 로봇이 이동하는 방법을 비교하면서 이동방법을 탐구해 다양한 재난 상황에서 벗어날 수 있는지 탐구하기

기사명		관련 영역	
주제명			
읽게 된 동기			
탐구 내용			
느낀 점			
추후 심화 활동			
학생부 브랜딩			

③ 생체 모방 로봇 탐구

새로운 로봇이 필요한 상황에서 생체를 모방한 로봇을 개발할 수 있어 생체 로봇을 탐구할 수 있습니다.

생체 모방 로봇	특징
	스틱키봇(Stickybot) 스탠퍼드 대학에서 도마뱀의 발을 모방해, 미끄러운 유리 벽면을 오르거나 천장에 거꾸로 붙을 수 있다. 아직은 실험단계의 로봇이지만 창의성과 잠재력을 인정받아 2006년 타임지의 '올해의 발명품'으로 선정되었어요.
	렉스(RHEX) 보스턴 다이내믹스에서 바퀴벌레를 모방, 땅 위에서는 다리를 회전시키며 6족 보행을 할 수 있으며, 물속에서도 지느러미를 이용해 움직일 수 있는 장점이 있어요.

→ 위의 사례를 참고해 창의적인 생체 모방 로봇을 설계할 수 있는지 탐구하기

기사명		관련 영역	
주제명			
읽게 된 동기			
탐구 내용			
느낀 점			
추후 심화 활동			
학생부 브랜딩			

정보의 바다
빅데이터

01

데이터 분석의
무궁무진한 활용 분야

SNS를 하다 보면 광고가 뜨는데, 얼마 전에 방문했던 사이트의 상품들을 콕콕 찍어, 마치 '너를 위해 준비했다'는 듯이 보여줍니다. 이런 상황은 신기하기도 하고, 때론 무섭기도 합니다. 이런 광고를 '리타겟팅 광고'라고 합니다. 온라인 쇼핑몰에서 옷을 구매하면 웹서핑 기록을 활용해, 특정 ID의 주요 관심사를 분석하고, 그 결과와 관련된 광고를 해당 사용자가 이용하는 사이트나 SNS에 광고하는 것이죠.

☑ 어떻게 이런 광고가 가능한 것일까요?

그 비밀은 바로 빅데이터에 있어요. 빅데이터는 3V로 규모(Volume), 다양성(Variety), 속도(Velocity)의 증가뿐만 아니라 복잡성(Complexity) 등 4가지 구성요소를 갖추어야 해요. 빅데이터는 기존의 관리 및 분석체계로는 감당할 수 없을 정도로 거대한 데이터의 집합을 말해요. 그래서 데이터베이스 소프트웨어가 대규모의 데이터를 수집하고, 이를 분석해 원하는 정보를 제공하는 것이 중요해요.

IDC(International Data Corporation) : 미국의 IT 및 통신, 컨슈머 테크놀로지 부문 시장조사 및 컨설팅 기관을 말한다.

IDC는 '다양한 데이터로 구성된 방대한 양의 데이터로부터, 고속캡처, 데이터탐색 및 분석을 통해 경제적으로 필요한 가치를 추출할 수 있도록 디자인된 차세대 기술과 아키텍처'(IDC, 2011)로 정의합니다.

한국 데이터베이스 진흥원은 빅데이터를 단순히 데이터의 양이 많은 것을 의미하기보다는 기존의 데이터에 비해 너무나 방대해서 일반적인 방법이나 도구로는 수집, 저장, 검색, 분석 시 어려운 정형 또는 비정형의 데이터 집합을 의미하고 있어요.

정형화 정도에 따라 빅데이터 종류는 다음과 같이 나눠집니다.

데이터 웨어하우스 : 방대한 조직 내에서 분산 운영되는 각각의 데이터 베이스 관리 시스템들을 효율적으로 통합해 조정·관리하며, 효율적인 의사결정 시스템을 위한 기초를 제공하는 실무적인 활용 방법론.
특징 : 주제지향성, 통합성, 시계영성, 비휘발성

정의	설명
정형 (Structured)	① 고정된 필드에 저장된 데이터 ② 조직화와 검색이 간편 예) 관계형 DB, 스프레드시트
반정형 (Semi-Structured)	① 고정된 필드에 저장되어 있지 않지만, 메타 데이터나 스키마 등을 포함하는 데이터 ② 정형·비정형데이터의 하이브리드 예) XML, HTML, 텍스트
비정형 (UnStructured)	① 고정된 필드에 저장되어 있지 않은 데이터 예) 텍스트분석이 가능한 텍스트 문서 및 이미지/동영상/음성 데이터, 데이터 웨어하우스, NoSQL DB, 데이터 레이크

출처 : 한국콘텐츠학회(김정숙) 재편집

2001년 가트너(세계적 시장조사업체)에서 빅데이터를 3V로 정의한 것 중, 규모(Volume)는 물리적 데이터 양을 의미해요. '데이터에이지 2025'에 따르면, 전 세계 데이터 총량은 2025년 175제타바이트(ZB)에 달할 전망이 될 것이라고 예측하고 있어요. 이 어마어마한 양을 관리하려면 고급 알고리즘과 AI 기반 분석이 필요합니다. 속도(Velocity)는 데이터의 생성과 흐름이 얼

NoSQL DB : 행과 테이블을 사용하는 관계형(SQL) 데이터베이스보다 훨씬 다양한 방식으로 빠르게 바뀌는 대량의 비정형 데이터를 처리하는 DB.

데이터 레이크 : 가공되지 않은 상태로 저장되어 접근이 가능한 엄청난 양의 데이터.

제타바이트 : 1제타바이트는 1024엑사바이트(1EB=1024PB)로 1조1000억 기가바이트 (GB)에 해당된다. 3MB 안팎의 MP3 곡을 281조 5000억 곡을 저장할 수 있는 용량.

마나 빨리 진행되는지를 나타냅니다. 다양성(Variety)은 정보의 형태가 다양함을 이야기하며, 텍스트, 오디오, 비디오, 사진, 소셜미디어 데이터, 로그파일과 같은 비정형 및 반정형 데이터 종류를 포함합니다.

빅데이터의 3V

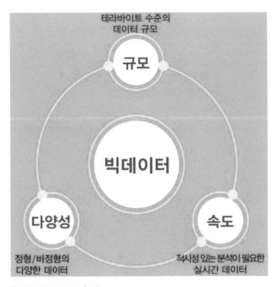

출처 : 국립중앙과학관

SAS는 데이터가 성과로 나타나지 않으면 아무런 소용이 없기 때문에 가치(Value)를 추가해 빅데이터 특성을 4V로 설명했어요. IBM은 정보양이 많아질수록 신뢰성이 떨어질 수 있기 때문에 정확성(Veracity)을 추가해 빅데이터 특성을 4V로 정의했습니다. 그리고 새로운 빅데이터 특성으로 가변성(Variability), 시각화(Visualization)까지 등장했지요. 자기 의견을 자유롭게 웹을 통해 제시할 수 있지만, 자신의 의도가 다르게 해석될 수 있기 때문에 데이터가 맥락에 따라 의미가 달라질 수 있어 가변성(Variability)이 제시되었고, 정보를 활용할 때 정보사용자가 제대로 이해하지 못하면 정보는 쓸모가 없으므로 시각화(Visualization)가 중요해졌습니다.

빅데이터의 다양한 V

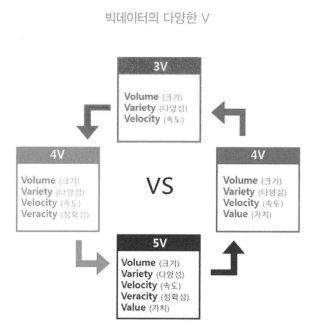

출처 : 국립중앙과학관

2008년 미국 역사상 처음으로 흑인인 오바마가 미국 대통령에 당선되었어요. 지금까지 단 한 번도 흑인이 대통령에 당선된 적이 없었는데 당선된 비결은 다름 아니라 유권자 빅데이터를 활용한 '유권자 맞춤 선거전략'이라고 해요.

오바마 측 선거운동본부는 전화설문을 통해 정치 성향, 유권자의 연령, 인종, 성별, 소득, 주택, 교육수준, 유권자 성향 등의 데이터를 종합해 점수를 부여한 뒤, 우편, 전화, 방문으로 선거운동을 했어요. 중도층 표심을 얻기 위해 설득이 가능한 유권자를 집중 공략했고, 상대후보 유권자 중 확실한 믿음이 없는 유권자를 자신의 지지층으로 돌려놓거나, 투표를 포기하게 만들었어요. 이후 2012년 대선에서는 더 광범위한 빅데이터로 유권자 개개인을 공략해서 재선에 성공했어요. 그 이후 빅데이터는 더욱 크게 주목을 받게 되었답니다.

빅데이터 처리 과정을 보면, 데이터소스를 수집하는 단계, 데이터를 저장하는 단계, 데이터를 처리하는 단계, 데이터를 기능별·분야별로 분석하는 단계, 정보를 시각화해 정보를 표현하는 단계로 나눠져요.

DBMS : 데이터베이스 관리시스템. 데이터베이스를 조작하는 별도의 소프트웨어를 말한다.

데이터 소스는 DBMS, 시스템의 내부데이터, 공공데이터, 영상 등이 있어요. 이런 데이터를 수집하는 방법은 다양하며, 유형에 맞게 수집기술을 선정해야 하고, 주로 툴, 프로그래밍으로 자동 진행됩니다.

분산 파일 시스템 : 네트워크를 통해 물리적으로 다른 위치에 있는 여러 컴퓨터에 자료를 분산 저장하는 것이다. 마치 로컬 시스템에서 사용하는 것처럼 동작하게 하는 시스템을 말한다.

데이터를 저장하는 방법에는 분산 파일 시스템(Distributed File System), NoSQL, 병렬DBMS, 네트워크 구성 저장 시스템 등이 있어요. 데이터 처리는 분산병렬 처리 기술, 실시간처리기술, CEP(Complex Event Processing)가 있어요.

분산병렬 처리 기술 : 빅데이터를 여러 서버로 분산해 각 서버에서 나누어 처리하고, 이를 다시 모아서 결과를 정리하는 기술방식이다.

CEP(Complex Event Processing) : 이벤트기반 복합 처리기술(CEP)은 기존의 DBMS기반 이벤트 처리 방식의 한계를 개선해 대량의 다양한 데이터를 실시간으로 처리하는 기술이다.

데이터 분석을 위해서는 하둡, NoSQL 등 빅데이터 분석 인프라 기술이 필요하고, 데이터마이닝, 텍스트마이닝, 오피니언 마이닝, 소셜네트워크 분석과 같은 분석기법이 있어요.

빅데이터 표현기술은 분석을 통해 추출한 의미와 가치를 시각적으로 표현하기 위해 R언어를 사용해요. R은 통계계산과 다양한 시각화를 위한 언어와 환경을 제공하는 장점이 있어요.

하둡 : 여러 개의 저렴한 컴퓨터를 마치 하나인 것처럼 묶어 대용량 데이터를 처리하는 기술이다.

오피니언 마이닝 : 소셜미디어에서 특정 주제에 대한 여론이나 정보를 수집, 분석해 의견을 도출하는 기술이다.

① 화장품과 의약품에 활용한 사례

웰펩은 화장품과 의약품으로 활용 가능한 펩타이드 소재 개발에 특화된 생체친화형 화장품 펩타이드 원료·제조기업입니다. 보건산업진흥청에 따르면, 2019년 코스메슈티컬 상품 매출은 전년도 대비 약 80%이상 성장해 '펩타이드 화장품'을 개발하게 되었습니다.

코스메슈티컬 : 화장품과 의약품의 합성어로 기능성 화장품에 의약품을 첨가해 치료기능을 합친 제품이다.

〈펩타이드 화장품 관심도 시기별 화제어 분석〉

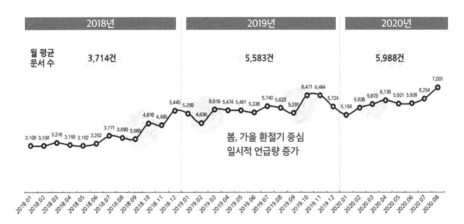

〈 펩타이드 화장품 연관 검색어 워드 클라우드 〉

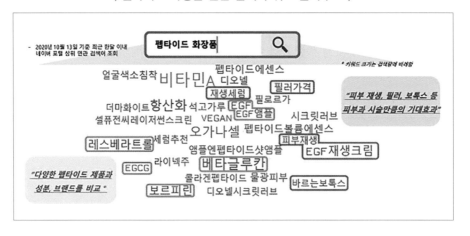

〈 펩타이드 화장품 관련 3개년 해시태그 변화 〉

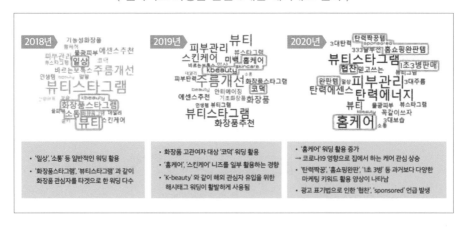

펩타이트 화장품 개발로 2019년에는 전년 대비 180% 이상 매출액이 상승할
수 있었어요. 이후 펩타이드 화장품뿐만 아니라 슈퍼박테리아 감염치료에 효과
가 있는 펩티도미메틱 슈퍼 항생제도 개발했어요.

② 고객 라이프 스타일 맞춤형 상품 제공

신한카드는 월평균 승인 건수 2억 건과 2,200만 명의 고객 빅데이터를 분석해 소비패턴에 따라 남녀별로 각각 9개, 총 18가지 트렌드 코드 생활방식을 도출했습니다. 이 결과를 토대로 맞춤형 상품인 '코드나인'을 선보였는데요. 이 상품으로 인해 연간 카드이용액 100조원을 달성하게 되었습니다. 이는 국내 민간소비지출 14%에 해당합니다.

출처 : 신한카드 홈페이지, R&D Inl

③ 공간 빅데이터를 활용한 사례

공간 빅데이터는 공간정보를 기반으로 각종 정책결정 등에 활용할 수 있는 데이터를 말해요. 유사한 업무를 표준화 모델에 적용하면 분석결과를 쉽게 얻을 수 있어 비용절감, 데이터기반의 과학적 의사결정을 할 수 있다는 장점이 있어요.

또한 '보육 취약지역 분석', '코로나-19 선별진료소 부족지역 분석' 등에 활용할 수 있어요. 그 결과 활용도가 높은 5종을 개발했어요.

① 버스정류장 사각지역 분석(서울시)
② 스마트 버스정류장 설치 입지 분석(서울시)
③ 화재 취약지역 분석(서울시 동작구)
④ 보육취약지역 분석 (서울시 동작구)
⑤ 쓰레기 무단투기 상습·다발지역 분석(서울시 강서구)

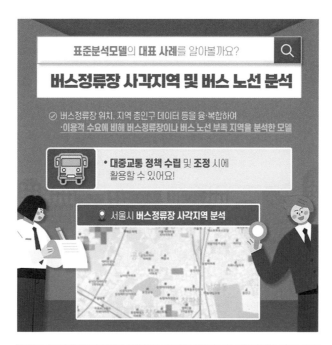

출처 : 공간 빅데이터(국토교통부)

④ RFID태그를 활용한 사례

RFID : 무선인식이라고도 하며, 반도체 칩이 내장된 태그(Tag), 라벨(Label), 카드(Card) 등의 저장된 데이터를 무선주파수를 이용해 비접촉으로 읽어내는 인식시스템이다.

글로벌 SPA 패션 브랜드인 '자라'는 RFID태그 빅데이터를 활용해, 광고를 하지 않음에도 높은 매출을 기록하고 있어요. 매장에서 판매하는 자라 옷에는 태그(Tag)가 붙어있어요. 이 태그를 통해 가장 잘 팔린 옷이 무엇인지, 반응이 제일 안 좋은 옷이 무엇인지 알수 있습니다. 태그데이터를 분석해 디자이너에게 전달하고, 디자이너는 소비자가 선호하는 옷을 디자인해요. 이런 방식을 통해 소비자에게 외면당하는 옷이 확연히 줄어 재고관리를 효율적으로 할 수 있어 업무생산성이 높아졌어요.

(a) 리우 지능형교통센터

(b) 싱가포르 교통량예측 시스템

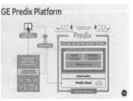
(c) GE Predix 플랫폼

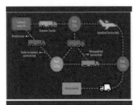
(d) 아마존 예측배송시스템

(e) 후지쯔 농업솔루션을 통한 재배

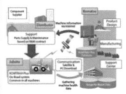
(f) 코마츠 KOMTRAX 시스템

출처 : IBM, Singpore LTA, GE, Amazon, Fujitsu, Komatsu

02

빅데이터의
패러다임의 변화

　세계 빅데이터 시장은 급속도로 성장하고 있고, AI와 빅데이터의 상호작용으로 더욱더 상승곡선을 그리고 있습니다. AI는 빅데이터의 다양성 부분을 구현할 수 있게 도와주고 있으며, AI 학습을 통해 맞춤형 서비스를 제공하고 있어 그 시너지 효과는 매우 높습니다.

　마켓앤마켓(Markets and Markets)은 빅데이터 시장이 2020년 1389억 달러(약 153조원)에서 2025년 2294억 달러(약 253조원)로 연평균 10.6%의 성장률을 기록할 것으로 예측하고 있습니다. 글로벌 빅데이터 시장

마켓앤마켓 : 미국, 인도 등에 거점을 가지고 있는 글로벌 리서치 회사로, 시장조사 서비스를 제공하고, 시장조사 보고서도 발행·판매하는 기업이다.

에서 북미 점유율이 가장 높을 것으로 예상했고, 성장률은 아시아·태평양 시장이 높을 것으로 예측했지요. IDC는 아시아·태평양 시장에 대해 2019년~2024년 동안 빅데이터 기술과 서비스 관련 연평균 성장률이 15.6%가 될 것이라고 예상했어요.

　IoT를 통해 필요한 빅데이터를 확보한 뒤, 인공지능으로 분석하게 되면서, 각 산업 분야는 빅데이터를 효과적으로 활용하고 있습니다. 지금부터는 빅데이터가 어떤 변화를 만들었는지 알아보기로 해요.

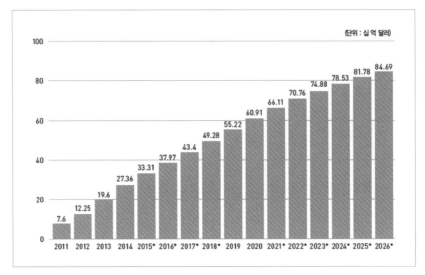

출처 : Big Data Market Forecast(PRi 소프트웨어정책연구소)

① 지능형 디지털 발전소

한국전력은 발전 자회사와 '지능형 디지털 발전소'(IDPP) 기술 사업화를 위해 AI, 빅데이터로 발전소를 운영·점검하고 설비상태를 사전에 예측하는 기술을 공동연구하고 있어요. 미리 설비상태를 예상할 수 있기 때문에 고장을 예방하고, 자산 운용효율 향상으로 발전비용을 줄일 수 있어요. 또한 발전소 16기(대용량 석탄화력 10기, 복합화력 6기)의 중요 운전정보를 수집해 분석된 데이터를 각 발전소에서 활용할 수 있도록 공유하며, 민간 사업자에게도 해당 정보를 공개하는 방안을 검토 중입니다.

② 금융 패러다임 변화

빅데이터를 활용한 금융서비스 개발이 늘고 있어요. 플랫폼 금융 대출은 플랫폼에 축적된 비금융 데이터, 카드결제, 거래내역 등을 빅데이터로 분석해 신용도를 분석하고, 이를 바탕으로 대출을 실시합니다. 기존 금융권 담보대출만으로는 소상공인에게 충분한 지원이 될 수 없었기 때문에 이를 보완하는 방법을 마련했습니다. 네이버 파이낸셜은 네이버 쇼핑몰에 입점한 소상공인의 매출흐름, 고객리뷰와 고객응대 서비스를 실시간으로 반영해 대출서비스를 제공하고 있습니다. 빅데이터를 이용한 대출이 많아지면서 중금리 대출시장도 확대되고 있어요.

출처 : '금융 빅데이터 5대 인프라' 체계도(금융감독원)

③ 에너지 패러다임 변화

에너지 부문에서는 센서, 무선전파, 네트워크 커뮤니케이션, 클라우드 컴퓨팅 기술을 통해 다양한 정보를 수집해 신재생에너지를 가장 효율적으로 생산할 수 있는 시간과 장소를 찾아 관련 정보를 제공해 주고 있어요. 또한 생산된 전기를 이동할 때 손실되는 문제를 해결하기 위해 가상발전소를 만들어 이웃에게 바로 판매할 수 있는 시스템을 보완해 스마트그리드 기술을 더욱 고도화하고 있습니다.

④ 의료 패러다임 변화

코로나 감염자의 이동경로 등을 파악해 확산되는 것을 막는 데 활용되고 있으며, 마스크나 진단키트의 재고가 부족하자 이를 효과적으로 파악하는 데에도 활용되었어요. 또한 환자의 다양한 의료데이터를 수집해 맞춤형 의료 서비스를 제공하는 데 활용되고 있습니다.

출처 : 키워드로 보는 국제의료 트렌드 (한국보건산업진흥원)

03

빅데이터 개발의 필요성

☑ 빅데이터는 왜 중요할까요?

의사결정의 정확도를 높일 수 있고, 고객만족도와 선호도에 대해 알 수 있으며, 미래를 예측해 새로운 기회를 만들 수 있기 때문에 중요성이 커지고 있어요. 데이터가 많으면 정확도도 높아지는데, 같은 퍼센트라 하더라도 표본이 100개일 때와 1,000개일 때, 10,000개일 때의 느낌은 다릅니다. 표본이 적을 때는 신뢰도가 떨어질 수밖에 없습니다.

☑ 무조건 데이터양이 많은 것이 좋을까요?

데이터양이 많다 하더라도 데이터 속성을 제대로 이해를 못해 필요한 데이터를 보유하지 못하거나, 가치 있는 데이터를 찾지 못해 데이터전문가들이 경영환경과 데이터를 연계하지 못하는 경우가 많습니다. 데이터를 분석해 활용할 생각만 할 뿐, 데이터를 재정비할 생각을 하지 않기 때문입니다. 따라서 의미 있는 데이터를 활용해 분석하는 능력이 필요합니다.

☑ 대기업만 빅데이터를 활용할 수 있을까요?

누구나 빅데이터를 활용할 수 있습니다. 빅데이터 기술에 얼마를 투자할까보다는 기술을 어떻게 활용하고 어떤 문제를 해결하고 싶은지 생각하는 것이 중요하기 때문에 정부에서는 다양한 빅데이터를 활용할 수 있도록 공개했어요. 이를 활용해 중소기업이나 미용실, 요식업과 같은 자영업자들도 충분히 활용해 최적의 위치를 선정할 수 있습니다.

☑ 개인정보의 해킹 문제는 없을까요?

빅데이터 가치가 높아짐에 따라 개인정보 보호의 필요성도 높아지고 있습니다. 2020년 데이터 3법이 통과되었는데, '개인정보보호법', '정보통신망 이용 촉진 및 정보보호 등에 관한 법률', '신용정보의 이용 및 보호에 관한 법률'이 그것입니다. 데이터 3법의 도입으로 개인정보 보호를 강화할 수 있으면서 맞춤형 금융상품을 제공받을 수도 있어요. 금융기관들 사이 마이데이터를 둘러싼 경쟁이 생길 수 있어 획기적인 금융상품이 나올 수도 있습니다.

마이데이터 : 개인이 행정, 금융거래, 의료, 통신, 교육 등의 서비스를 이용하면서 만들어진 정보에 대해 정보 주체가 접근하고, 저장하고, 활용하는 등의 능동적인 의사결정을 하는 데 도움을 주는 서비스이다.

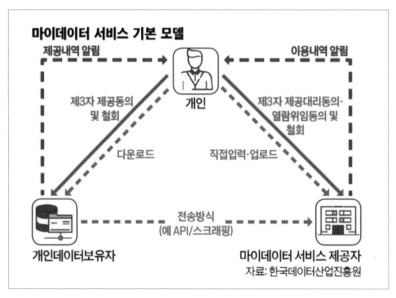

출처 : 한국데이터산업진흥원

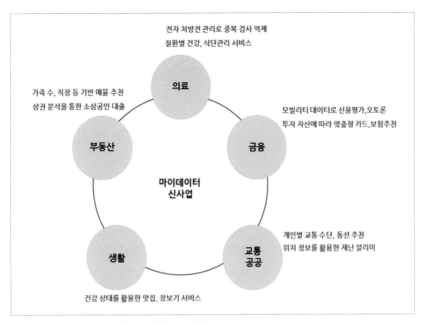

전자 처방전 관리로 중복 검사 억제
질환별 건강, 식단관리 서비스

가족 수, 직장 등 기반 매물 추천
상권 분석을 통한 소상공인 대출

모빌리티 데이터로 신용평가,오토론
투자 자산에 따라 맞춤형 카드,보험추천

의료

금융

부동산

마이데이터
신사업

생활

교통
공공

개인별 교통 수단, 동선 추천
위치 정보를 활용한 재난 알리미

건강 상태를 활용한 맛집, 장보기 서비스

출처 : 마이데이터 관련 신사업 영역(한경비즈니스)

마이데이터 서비스는 그동안 오픈뱅킹 등 자산관리, 맞춤형 대출정보 제공 등의 형식으로 제공되어 왔습니다. 기존에는 사업자가 권한을 얻고 필요한 금융 소비자의 데이터를 가져오는 스크래핑(Scrapping) 방식이었다면, 앞으로는 중계기관(금융결제원, 신용정보원 등)을 통해 데이터를 요청한 뒤 받는 API(응용프로그램 인터페이스) 방식이 적용되어 고객들의 소비패턴과 규모 등을 바탕으로 보다 효율적인 마케팅 전략을 펼칠 수 있습니다.

마이데이터 서비스는 금융위원회 총괄로 하고 있는데 보안 부분은 금융보안 원이나 신용정보원 등 중계기관이 담당하여 광범위한 정보수집이 제한되고 있으며, 소비자가 지정한 정보만 수집할 수 있도록 보완하고 있습니다. 또한 암호화한 대체정보(Token)를 활용하고 있으며 주기적으로 변경하도록 하고 있습니다.

04

데이터과학 계약학과

구분	학교명
특성화고	덕영고 빅데이터과(용인시 처인구)
	문학정보고 빅데이터금융과(인천 남구)
	한봄고 빅데이터정보과(수원시 권선구)
전문대학	경복대 소프트웨어융합과 데이터분석전공(경기 남양주)
	동양미래대 빅데이터경영과(서울 구로구)
	영진전문대 AI빅데이터응용소프트웨어과(대구 북구)
	인천재능대 마케팅빅데이터과(인천 동구)
	인하공전 공간정보빅데이터과(인천 미추홀구)
	한양여자대 빅데이터과(서울 성동구)
	한국폴리텍대학 강서캠퍼스 데이터분석과
	한국폴리텍대학 광명융합기술교육원 데이버분석과
대학	서울시립대 국제관계학–빅데이터분석학전공
	서울시립대 생명과학–빅데이터분석학전공
	서울시립대 도시빅데이터융합학과
	세종대 소프트웨어융합대학 데이터사이언스학과
	상명대 빅데이터학과
	국민대 빅데이터경영통계전공
	경희대 빅데이터응용학과
	순천향대 빅데이터공학과
	성신여대 수리통계데이터사이언스학부
	연세대 데이터사이언스학부
	인하대 전자공학과 빅데이터전공

대학	을지대 빅데이터 의료융합학과
	한양대 인텔리전스컴퓨팅학부 데이터사이언스전공

문학정보고는 2009년 마케팅특성화고등학교로 지정된 후 4차산업혁명과 미래 산업사회의 환경 변화를 예측해 '융·복합 미래인재' 양성을 위한 학과를 개편했습니다. 빅데이터금융학과에서 빅데이터를 기반으로 금융, 보험 분야의 실무능력을 갖춘 금융 전문가가 될 수 있어요. 회계동아리, 비서엘리트동아리, 디지털실험소, 노동인권동아리 등 20여 개 전공동아리 운영을 통해 학생들이 직업인으로서 꿈을 실현할 수 있도록 실전경험을 제공하고 있습니다. 연계 과정으로는 스마트 커머스 과정을 기업, 협회, 연구소 등과 협력해 학생들이 실무 경험을 쌓을 수 있도록 하고 있습니다. 기업체 요구에 부응하는 유통·물류 및 미디어·웹 전문 직업인 양성으로 희망기업 취업을 통한 학생과 기업 동시 만족을 추구하고 있습니다.

한봄고 빅데이터정보과는 중등직업교육 비중 확대사업으로 중학생들에게 학과체험을 제공하고 고등학생은 지역산업체에서 분야별 맞춤형 프로그램을 통해 관련 지식을 쌓을 수 있는 기회를 제공하고 있어요. 또한 미래유망 분야 고졸인력양성사업 빅데이터 분야에 선정되어 한국기술교육대학교 등 유관기관의 도움을 받아 특화된 교육과정을 통해 실무능력을 익혀 취업할 수 있어요. 창업에 관심이 있다면 청소년 비즈쿨사업에 참여해 창업 경험을 쌓을 수 있습니다.

05

데이터과학 교육과정

① 인하공전 공간정보빅데이터과

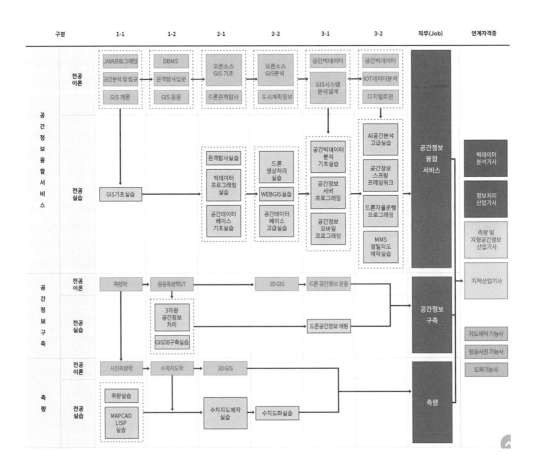

인하공전 공간정보빅데이터과는 국내 최초로 GIS 전문인력 양성을 위해 설립된 특성화학과로서 4차 산업혁명시대에 핵심적인 분야로 떠오르고 있는 공간빅데이터 전문가 양성을 목표로 하고 있어요. 공간빅데이터 기반 ICT 융합을 통해 IoT, 디지털가상공간, 자동차 자율주행용 3차원 Map제작과 관련한 교육을 시행하고 있어요. 2017년 국토교통부 공간정보 인재양성 사업인 공간정보특성화 전문대학에 선정되어 최고의 공간정보산업 교육체계 기반의 현장중심 실무교육을 실시해 오고 있습니다.

2022학년부터는 3년제 학과로서 새롭게 빅데이터 분석 및 GIS시스템 개발자교육을 강화할 예정입니다. 이 외에도 3D모델링 전문가, 드론공간정보처리 등과 관련된 직무 교육에 역점을 둠으로써 우리나라 최고의 공간정보 빅데이터 전문가가 될 수 있습니다. 지도 제작업에서부터 측량업, 건축기술엔지니어, 컴퓨터프로그래머, 응용 소프트웨어에 이르기까지 폭넓게 취업할 수 있는 장점이 있습니다.

② 국민대학교 AI빅데이터융합경영학과

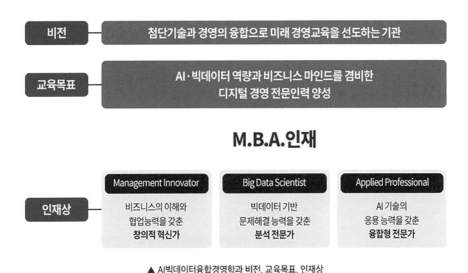

▲ AI빅데이터융합경영학과 비전, 교육목표, 인재상

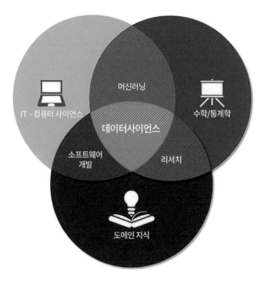

▲ AI빅데이터융합경영학과 전공자 역량

학년	과목	역량
1·2학년	소프트웨어, 수학, 통계	기초역량 함양
3학년	빅데이터, 인공지능, 비즈니스	핵심역량 함양
4학년	1·2·3학년 과정을 토대로 산학협력, 캡스톤 디자인	창의적인 융합 능력 함양

캡스톤 디자인 : 공학계영 학생들에게 산업현장에서 부딪칠 수 있는 문제들을 해결할 수 있는 능력을 길러주기 위해 졸업 논문 대신 작품을 기획, 설계, 제작하는 전 과정을 경험하게 하는 교육과정이다. 산업현자의 수요에 맞는 기술 인력을 양성하기 위한 프로그램이다.

국민대 **AI빅데이터경영통계학과**는 4차 산업혁명시대에 맞는 인재를 배출하기 위해 확대 개편된 신설학과입니다. 신설된 학과임에도 기존 빅데이터경영통계학과의 영향으로 경쟁률이 무척 높았습니다. 데이터를 기본으로 하니, 수학과 통계는 기본적으로 이수해야 합니다. 그러니 이 학과를 지망한다면 고등학교 때부터 수학과목과 확률과 통계는 열심히 공부할 필요가 있겠죠.

국민대는 첨단기술과 경영의 융합으로 자연계 학생이 많습니다. 졸업생들은 빅데이터 애널리스트, 데이터서비스기획자, 빅데이터엔지니어, 데이터분석가, 데이터 디자이너 등의 분야로 진출하거나 창업을 하는 경우가 많습니다.

AI빅데이터융합경영학과는 AI·빅데이터의 기술과 경영학이 융합되어 있는 학과로 기업 현장의 문제를 해결하고 디지털 환경에 최적화된 비즈니스 통찰력을 키우는 학과입니다. 취업을 위한 산학협력이나 캡스톤디자인을 진행해 창의적 융합역량을 키울 수 있습니다. 특히 캡스톤디자인을 통해 학생들은 AI와 빅데이터 기술의 수요가 높은 경영에서 융합교육을 받을 수 있습니다.

③ 을지대 빅데이터 의료융합학과

코로나19의 감염예방에 빅데이터가 활용되고 있다는 사실은 누구나 알고 있을 겁니다. 이처럼 의료계통에 빅데이터의 중요성은 나날이 커지고 있습니다. 그에 따라 보건의료와 빅데이터가 결합된 빅데이터 의료융합학과는 주목받을 수밖에 없겠죠.

을지대 빅데이터 의료융합학과는 의료관련기술, 인공지능·빅데이터, S/W융합, Global career-ready course 과정에 필요한 과목들을 배우기 때문에 고등학교 때 기본프로그래밍 능력을 준비를 하는 것도 좋을 것 같습니다.

일반 빅데이터학과와는 달리 의료기기설계, 의료영상 인식 분야, 의료로봇, Bio 데이터분석 분야 등 의료계통에도 취업이 가능하기 때문에 좀 더 취업의 범위가 넓습니다.

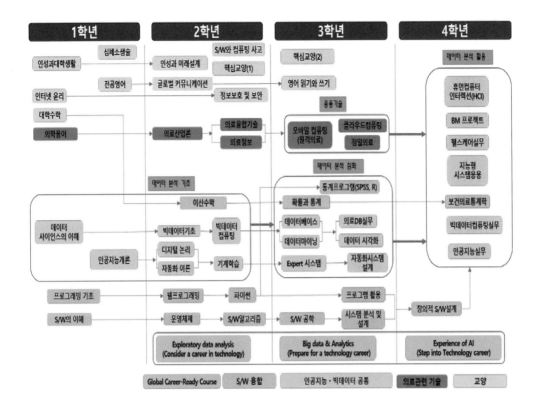

원래 을지대학교는 전통적인 보건의료 인재를 양성했습니다. 최근 의정부에 개원한 의정부 을지대학교병원에서는 5G 인공지능시스템 구축을 위해 보건의료와 인공지능 IT의 결합을 선도하고 있습니다. 그러기 위해 학부 내 유사전공 학점을 인정하고 교육과정의 실질적 공유체제를 구축해 학생들이 자신의 진로에 맞게 직접 선택하는 융합학습 기회를 제공하고 있습니다.

또한 플립드 러닝, 프로젝트수업, 메이커 러닝, 캡스톤디자인 수업 등 다양한 교육방법과 EU컨버전스센터 시설에서 VR호스피탈, MI스튜디오를 활용해 실무능력을 키워주고 있습니다.

④ 성신여대 수리통계데이터사이언스학부

진로 분야	전공 능력	학년별 추천 과목명				타 전공/교양 교과목 추천	비교과 교육과정 추천	6대 핵심역량	관련 직업
		1학년	2학년	3학년	4학년				
순수 수학 트랙	연구 전문성 교육 전문성	미적분학 및 연습 조합 및 그래프 이론 핀테크개론 미적분과 벡터해석 기초 기초통계학 파이썬 프로그래밍	해석학 개론 및 연습 선형대수학 다변수 미적분학 및 연습 수학적 프로그래밍	현대 대수학 위상수학 미분기하학 및 연습 복소수함수론 수학교과 교육론 수학논리 및 논술 수학교과 교재연구 및 지도법	실해석학 곡면의 기하와 위상 현대 대수학3		교직이수 학생들에 대한 인터넷 강의 수강 지원 프로그램	지식탐구 자율실천 창의융합	연구원 교사, 학원강사 수학 전문 번역가 온라인맞춤형 수학교육 대학원 진학
산업·응용 수학 트랙	산업 응용 전문성	미적분학 및 연습 조합 및 그래프 이론 핀테크 개론 미적분과 벡터해석 기초 기초통계학 파이썬 프로그래밍	해석학 개론 및 연습 선형대수학 다변수 미적분학 및 연습 수학적 프로그래밍 머신러닝을 위한 수학 수학적 모델링과 미분방정식	위상수학 현대 대수학 금융사회와 수학 수치해석과 파이썬 미분기하학 및 연습	실해석학 수치적 데이터 처리 편미분방정식과 응용 곡면의 기하와 위상	수리통계학1,2 (통계학과) 시계열자료 분석 (통계학과) 알고리즘 (컴퓨터공학과) 인공지능 (컴퓨터공학과) 자료구조 (컴퓨터공학과) 컴퓨터구조 (컴퓨터공학과)	S+마일리지 부여 대상 자격증 취득	창의융합 자율실천 글로벌시민 소통협력	연구원, 인공지능전문가, 프로그래머, 가상현실 전문가, 디지털 포렌식 전문가, 컴퓨터 그래픽 전문가
수학 관련 스타트업 트랙	창의적 기획 컨텐츠 개발 전문성	미적분학 및 연습 조합 및 그래프 이론 핀테크 개론 미적분과 벡터해석 기초 기초통계학 파이썬 프로그래밍	해석학개론 및 연습 선형대수학 다변수 미적분학 및 연습 기하학 일반 정수론 수학적 프로그래밍	수치해석과 파이썬 현대 대수학 위상수학 및 연습 수학적 문제해결 방법론 수학 교과 교재연구 및 지도법	수치적 데이터 처리 곡면기하와 위상 편미분방적식과 응용	자바프로그래밍 (컴퓨터공학과) 자바프로그래밍 응용 (컴퓨터공학과) 객체지향설계 (정보시스템공학과) 설화와 스토리텔링 (국어국문학과) 다매체와 서사읽기 (국어국문학과)	창업보육센터 교과목	글로벌시민 창의융합 소통협력	수학 스토리텔링 작가, 과학관의 수학 전시 큐레이터, 수학 전문기자, 학습용 컴퓨터 게임 개발자, 수학 오픈소스 컨텐츠 탐색 공급 스타트업(수학소프트웨어, 수학게임, 유튜브영상강의 등)

금융 암호 보안 트랙	연구 전문성 산업 응용 전문성	미적분학 및 연습 조합 및 그래프이론 핀테크개론 미적분과 벡터해석 기초 기초통계학 파이썬 프로그래밍	해석학개론 및 연습 선형 대수학 다변수 미적분학 및 연습 암호수학 수학적 프로그래밍	핀테크와 응용암호 블록체인과 금융	스마트 결제인증 핀테크 캡스톤디자인 암호 프로토콜 개론	자료구조 (컴퓨터공학과) 알고리즘 (컴퓨터공학과) 네트워크보안 (융합보안공학과) 시스템보안 (융합보안공학과)	S+마일리지 부여대상 자격증 취득	소통협력 창의융합 자율실천 글로벌시민	정부출연연구소 연구원, 빅테크/대기업 연구원, 금융보안SW개발자
금융, 경영, 산업 분야 전문가 트랙	산업 응용 전문성	기초통계학 미적분과 벡터해석 기초 파이썬 프로그래밍 통계적사고 탐색적자료분석 엑셀통계분석 기초통계실습 통계수학 및 연습	보험통계학 통계프로그래밍 통계프로그래밍 실습 표본조사론 회귀분석	범주형 자료분석 실험설계 생명과학 자료분석 시계열 자료분석 통계와 마케팅 회귀분석 실습	경영경제 자료분석 데이터마이닝 금융통계 다변량 자료분석 Ⅰ 다변량 자료분석 Ⅱ	마케팅조사론 (경영학과) 계량경제학 (경제학과) 빅데이터분석 (서비스디자인공학과)	기업탐방 산업분야 전문가 세미나	글로벌시민 지식탐구 예술감성 소통협력 창의융합	6시그마전문가 CRM전문가 보험계리사

핀테크 : 금융과 기술의 합성어로 예금, 대출, 자산 관리, 결제, 송금 등 다양한 금융 서비스가 IT, 모바일 기술과 결합된 새로운 유형의 금융 서비스.

성신여대 수리통계데이터사이언스학부는 탄탄한 수학과 통계학을 기반으로 현장적응력이 뛰어난 인재를 만들기 때문에 수학과 통계에 높은 관심이 있는 학생에게 도움이 되는 학과입니다. 핀테크 스타트업 회사인 ㈜제나와 업무협약을 체결해 현장실무능력까지 향상시키고 있어요. 여기에 헬스케어, 금융, 블록체인, 암호와 빅데이터를 활용한 정보분석 등의 수준 높은 연구를 할 수 있어요.

취업을 위한 학생진로종합시스템 선샤인(SunShine)은 신입생 때부터 학년별로 대학 생활 전반을 설계할 수 있는 프로그램을 운영하고 있습니다. 특히 신입생부터 개인에게 적합한 역량 진단, 진로탐색과 개발, 비교과프로그램의 신청과 관리, 교수 상담을 비롯한 진로·취업·심리·학습상담, 취업준비와 채용정보 탐색 등을 통합적으로 지원해 학생들의 경력관리가 더욱 체계적으로 이루어질 수 있도록 돕고 있기 때문에 다른 학과에 비해 취업의 문이 넓다는 걸 느낄 수 있습니다.

또한 다양한 동아리를 통해 전문적인 실력까지 쌓을 수 있습니다. S-CRYPTO는 블록체인 및 분산ID에 사용되는 암호 기술에 대해 연구하는 동아리로 2021년 KISA-국정원 대학 암호동아리 지원사업에 선정되었으며, 2021년 대학암호동아리 최우수상을 수상하였습니다.

SCALE는 핀테크, 블록체인, 빅데이터 등에 활용되는 금융암호기법 구현에 대해 연구하는 소모임입니다. C언어/JAVA/파이썬 등을 이용한 암호기법을 배워 경진대회에 참가하기도 합니다. S-MNA는 미분방정식의 모델링, 수치해석 및 이론적 해석에 대해 연구하는 소모임입니다. 미분방정식/동역학계를 스터디하여 이를 바탕으로 MATLAB/Python으로 SCI(E)급 논문을 작성할 수 있답니다.

06

빅데이터공학과를 위한
과목 선택

2022 개정교육과정에서는 융합선택과목과 진로선택과목으로 세분화되어 자신이 전공하고자 하는 분야에 대해 깊이 배울 수 있도록 선택과목의 폭을 넓혔습니다.

교과	선택과목		
	일반선택	융합선택	진로선택
국어	화법과 언어 독서와 작문 문학	독서 토론과 글쓰기 매체 의사소통	주제탐구 독서 문학과 영상
수학	대수 미적분Ⅰ 확률과 통계	실용통계 수학과제 탐구	미적분Ⅱ 인공지능 수학 심화수학Ⅰ, Ⅱ 고급수학Ⅰ, Ⅱ
영어	영어Ⅰ 영어Ⅱ 영어독해와 작문	실생활 영어회화 미디어 영어	영어 발표와 토론 심화영어 심화영어 독해와 작문
사회	사회와 문화 현대사회와 윤리	사회문제 탐구 윤리문제 탐구	법과 사회 윤리와 사상 인문학과 윤리
과학	물리학 화학	생활과학 기후변화와 환경생태 융합과학 탐구	과학과제 연구

교양	논리학 진로와 직업 논술 정보		지식재산 일반 정보과학

☑ 빅데이터공학을 공부하기 위해서는 어떤 과목을 선택하면 좋을까요?

빅데이터공학에서는 기존의 기업 환경에서 사용되는 정형화된 데이터와 멀티미디어 데이터인 비정형 데이터까지 분석하는 학문입니다. 그러다 보니 사회에 현상을 반영해 문제점을 찾고 분석해 문제를 해결하는 능력이 필요합니다. 단순히 자료만 정리한다는 것은 별 의미가 없습니다.

그러기 위해 많은 통계프로그램을 사용해 보면서 증명해 보는 활동을 하면 좋아요. 확률과 통계나 실용통계, 수학과제탐구 과목에서 자료를 분석하고 해결하는 능력을 키우는 것도 좋습니다. 통계청이나 KOSIS, e-나라지표, SGIS 등에서 자료를 검색해 사회문제를 인식하고 이에 대한 해결방안을 정리하는 활동들은 많은 학생이 이미 실행하고 있습니다.

최근에는 코로나19로 인한 사회적 변화, 인구·기후·환경의 변화, 자동차·스마트폰·통신 기기 등으로 인한 사회적 관심을 주제로 탐구활동을 해 현재 시점에서 해결할 수 있는 방안을 제시하고, 이 내용으로 토론하면서 의사소통능력을 키우기도 합니다. OTT 서비스에 관심이 있는 학생은 취약계층의 디지털 정보 수준이 높아짐을 시사하며, 개인정보 침해 발생비율이 줄어들었다는 분석을 한 학생들도 있었습니다.

빅터이터를 활용해 공부하기 위한 자료정리는 컴퓨터를 이용하기 때문에 인공지능 수학을 선택하는 것도 좋습니다. 자료를 이용할 때도 선별하는 과정이 중요한데 예측모델의 정밀도나 정확성을 표현할 때는 다양한 방법으로 평가할 수 있기 때문에 사용하려는 목적에 따라 자료를 잘 선택해야 합니다. 인공지능 빅데이터를 사용할 때는 정밀도나 재현률, F값 등을 많이 사용하기 때문에 이 부분도 활용할 수 있습니다. 그리고 데이터를 다룰 때 그 자료의 평균, 분산, 표준편차는 과거의 특징이나 경향을 나타내는 기본적인 방법이기 때문에 프로그래밍을 사용해 결과를 분석하기도 한답니다.

정보과학의 경우는 인간·사회 및 기계·생물체에서의 정보의 형태·전송·처리·축적에 관한 이론 또는 기술을 연구하는 전반적인 내용을 배웁니다. 이 교과는 데이터의 수집과 저장에 필요한 데이터 프로세싱 기술과 데이터 분석에 관한 지식(데이터 마이닝, 머신러닝 등)을 기반으로 다량의 데이터로부터 패턴을 찾아내고, 통계적 추정, 예측 모델링 등을 통해 필요한 정보를 창출하고, 이를 실제로 활용하는 것을 연구하는 융합과학이라고 생각하면 됩니다.

이 외에도 데이터가 많아지면서 발생하는 윤리적 문제점을 다룰 수 있는 '현대사회와 윤리'나 '사회문제 탐구', '윤리문제 탐구' 등의 과목을 활용하는 것도 좋습니다. 이때는 다른 사람들의 생각을 반영하기 위해 설문하고 이 수치를 분석하는 활동들도 좋은 활동이며, 토론 활동을 통해 다른 사람들의 생각을 읽을 수 있는 좋은 기회가 될 수도 있습니다.

이처럼 다양한 과목들을 학생들의 진로와 연결시켜 활용할 수 있습니다. 빅데이터 통계학의 경우는 인문계열과 자연계열의 학생들의 경계가 없는 학과이기 때문에 고등학교 때도 다양한 과목을 들으면서 자신의 역량을 나타내는 것이 중요합니다.

데이터과학 관련
재미있는 탐구활동

① SGIS(통계지리정보서비스)를 통한 교통사고 분석 탐구

SGIS(통계지리정보서비스)에서 빅데이터를 활용한 보행자 교통사고 현황을 확인할 수 있습니다. 인구가 많은 대도시 지역은 차량운행량이 많아서인지 교통사고량이 전반적으로 많지만 다행히 2020년부터는 보행자 교통사고량이 줄어든 것을 확인할 수 있습니다. 이 이유를 데이터를 통해 조사할 수 있습니다.

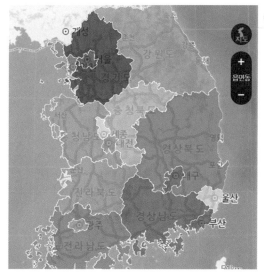

🛈 지역을 클릭하면 해당지역 증감현황을 볼 수 있습니다.

2020년 전체 사고 수(건)

경기도	8,014
서울특별시	7,672
부산광역시	2,752
경상남도	2,179
대구광역시	2,073
경상북도	1,826
인천광역시	1,530
전라남도	1,455
충청남도	1,413
대전광역시	1,234
전라북도	1,207
광주광역시	1,157
강원도	1,111
충청북도	1,060
제주특별자치도	711
울산광역시	709
세종특별자치시	115

연도별 전체 사고 수(건)

경상남도

연도별 전체 사고 수(건)

경기도

출처 : 도로교통공단 「교통사고 통계분석」

→ 사회적 이슈와 연관지어 보행자 교통 사고량이 줄어든 이유에 대한 데이터 분석 탐구

하기

기사명		관련 영역	
주제명			
읽게 된 동기			
탐구 내용			
느낀 점			
추후 심화 활동			
학생부 브랜딩			

② 기후 변화 데이터 분석 탐구

기상청 기후정보포털에 들어가면 우리나라 109년 기후변화 분석 자료를 볼 수 있습니다. 이 자료를 바탕으로 지역별 기후가 어떻게 변화되고 있는지, 앞으로 어떤 대비를 하면 좋을지 알아볼 수 있습니다.

→ 기후정보를 바탕으로 날씨를 예측하고, 우리지역의 기후가 어떻게 변화하는지 조사한 후 어떤 식물을 심으면 좋을지에 관한 탐구하기

기사명		관련 영역	
주제명			
읽게 된 동기			
탐구 내용			
느낀 점			
추후 심화 활동			
학생부 브랜딩			

③ 반 평균이 동일한 학급 중 우등생이 많은 반 분석 탐구

성적의 표준편차가 큰 두 반을 선정해 성적대별 학생수를 파악해 데이터를 분석하면 공부를 잘하는 학생이 많은 반을 조사할 수 있습니다.

→ 우리 주변에서 얻을 수 있는 다양한 자료를 바탕으로 데이터 분석 탐구하기

기사명		관련 영역	
주제명			
읽게 된 동기			
탐구 내용			
느낀 점			
추후 심화 활동			
학생부 브랜딩			

조기취업형
계약학과 선도대학

01

조기취업형 계약학과

조기취업형 계약학과는 대학과 기업이 계약을 통해 현장실무역량을 갖춘 인력을 양성합니다. 기업에서 필요한 인력을 양성하기 위해 교육비의 일부를 기업에서 부담하고, 대학은 기업 수요에 맞추어 교육과정을 개발 및 운영해 기업에 인재를 공급하죠. 조기취업형 계약학과는 입학과 동시에 취업이 확정되어 2학년 때부터 직장인으로 일과 학업을 병행하며, 학사학위를 3년 만에 취득할 수 있습니다.

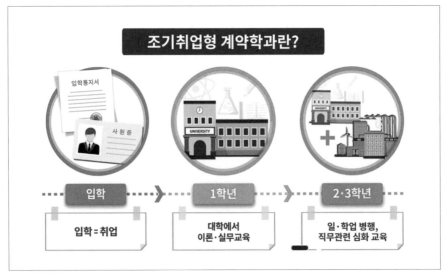

출처 : 조기취업형 계약학과 선도대학(종합포털)

조기취업형 계약학과를 운영하는 대학

 2018년부터 시작되어 현재 8개 대학 28개 학과가 참여하고 있습니다. 참여대학별 3~4개의 조기취업형 계약학과를 운영하고 있으며, 4차 산업혁명에 맞추어진 학과들로 구성되어 있습니다.

출처 : 조기취업형 계약학과 선도대학(종합포털)

지역	대학	학과
경기	가천대	첨단의료기기기학과 게임영상학과 디스플레이학과 미래자동차학과
	한국산업기술대	ICT융합공학과 융합소재공학과 창의디자인학과

경기	한양대 에리카	소재부품융합전공 로봇융합전공 스마트ICT융합전공 건축IT융합전공
충남	순천향대	스마트모빌리티공학과 스마트팩토리공학과 융합바이오화학공학과
전남	국립목포대	첨단운송기계시스템학과 스마트에너지시스템학과 소프트웨어학과 스마트비즈니스학과
	전남대	기계IT융합공학과 스마트융합공정공학과 스마트전기제어공학과
부산	동의대	스마트호스피탈리티학과 미래형자동차학과 소프트웨어융합학과
경북	경일대	스마트팩토리융합학과 스마트전력인프라학과 스마트푸드테크학과 스마트경영공학과

조기취업형 계약학과를 통해 얻는 이점

① 배운 내용을 업무에 적용해 실력향상과 좋은 이미지 전달

학교와 회사를 병행하기 때문에 학교에서 배운 내용을 더 자세히 찾아보고 공부하면서 그것을 곧바로 업무에 적용하기에 업무적응 능력과 실력을 더욱 향상시킬 수 있습니다. 회사에서 업무 경력이 있는 선배들의 도움을 톡톡히 받는 것이 이점이 됩니다. 열정적인 자세로 개발자의 지식을 얻겠다는 마음가짐으로 질문하면 더 많은 지식을 얻을 수 있고, 하고자 하는 열정이 좋은 인상을 심어주어 현장 체험한 기업에서 취업으로 바로 연결도 가능합니다. 또한 실력을 쌓아 경력직으로 이직하는 데에도 많은 이점이 있습니다.

② 배운 것을 백 퍼센트 활용하는 기쁨

꾸준히 공부하고 일심히 일한 결과로 더 다양한 프로젝트를 맡을 수 있어요. 학교에서 배운 지식을 바탕으로 프로젝트를 진행하니 공부한 내용을 100% 활용하기에 더 높은 성과로 이어집니다. 실제 프로젝트를 성공적으로 마치면서 쌓은 지식은 실전에서 바로 활용할 수 있는 능력이 되어 자신감을 가지고 현장에 임할 수 있습니다.

③ 일하면서 찾은 나의 숨은 능력

일하면서 가장 중요한 부분 중 하나는 업무가 적성에 맞아야 한다는 것이에요. 적성에 맞으면 그만큼 시간을 절약할 수 있고, 다양한 나노학위과정을 이수하여 실력을 쌓을 수도 있습니다. 또한 소비자가 요구하는 부분이 무엇인지 파악하고 이를 개발하는 능력까지 갖춰, 자연스럽게 고객사와 개발자 간의 의사소통 능력과 조율하는 능력까지 익힐 수 있답니다.

④ 하나씩 채워지는 포트폴리오

학교에서는 다양한 분야를 배우고 실무에서는 회사의 맞춤형 결과물을 만들어내면서 자신감이 생깁니다. 하나하나 채워지는 포트폴리오를 보면서 내가 계속 발전하고 있다고 느낄 수 있죠. 자신이 직접 만든 광고를 통해 홈페이지 유입률이 높아지고, 직접 그린 그림을 웹툰 형식으로 만들면서 디자인에서 3D 애니메이션까지 폭넓게 지식을 익힐 수 있어요. 디자인 분야 외에도 여러 가지 공학을 융합시킨 지식이나 4차 산업 혁명 등 새로운 시대의 기술을 디자인에 적용하면서 다양한 결과물을 만들어내게 됩니다.

02

로봇융합학과

입학과 취업을 동시에 창의적 실무인재를 양성하기 위한 3년 6학기제로 운영
되어 학사학위를 취득할 수 있어요.

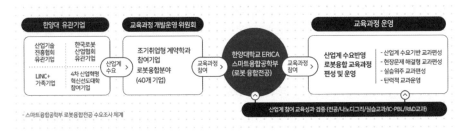

출처 : 한양대 에리카

한양대 에리카 로봇융합학과는 '교육 인프라'가 매우 우수합니다. 한양대
ERICA캠퍼스에는 클러스터 존이 있는데, 클러스터 존에는 LG 이노텍 등 다양
한 기업이 모여 있기 때문에 이런 환경적 요소가 학생들에게 큰 도움이 될 것입
니다.

특히, 미래 자동차 연구원이 꿈인 학생이라면 눈여겨 볼 필요가 있는 학과입
니다. 미래 자동차로 일컬어지는 자율주행자동차를 완벽하게 이해하기 위해서
는 로봇에 대한 지식이 필요하기 때문이지요. 한 학생은 이 클러스터 존의 기업
리스트를 살피며 자신의 꿈(자동차 연구원)과 연관 지을 수 있는 기업을 찾아 지

원했고 결국 태양광 인버터를 다루는 회사에 합격했습니다.

1학년	2학년	3학년
소프트웨어의 이해 미적분학1 일반물리학1 로봇융합공학 개론 융합프로그래밍 실습1 정역학, 동역학 공업수학1, 이산수학	창의융합프로젝트1 로봇융합공학설계 기구학 전자회로 프로토타이핑프로젝트1	기계R&D프로젝트1 제어공학 마이크로프로세서 인공지능 사물인터넷과 로봇
인공지능 로봇의 이해 회로이론 로봇융합공학 실습 융합프로그래밍 실습2 디지털논리회로 실습 고체역학 시스템해석, 자료구조론	창의융합프로젝트2 기계학습론 스마트융합 기계설계 디지털신호처리 스마트융합캡스톤디자인1 프로토타이핑프로젝트2	기계R&D프로젝트2 협동로봇설계 임베디드시스템 설계 비전시스템 설계 데이터과학과 로봇

로봇융합전공과 제휴된 기업

기업	특징
구스텍	주요생산품 : 계측 및 자동제어장치 직무 : 소프트웨어 개발 및 운영
라온즈	주요생산품 : 파킨슨환자용 Smart Glass, 동물 질병진단용 장비, 산업용 무선 TAG 직무 : 소프트웨어 기획 및 개발
로보게이트	주요생산품 : 협동로봇, AGV, 3D 프린터, MES SW 직무 : 프로그램 개발 및 운영
비바이오	주요생산품 : 체외진단측정장비 생산시스템 직무 : 소프트웨어 기획 및 개발
비츠로시스	주요생산품 : 전기제어장비 외 직무 : 소프트웨어 개발 및 제어장비 운영
시스콘	주요생산품 : 산업용 로봇 제조 직무 : 소프트웨어 개발 및 로봇 제조

씨소	주요생산품 : 3D 센서 스캐닝 솔루션 직무 : 소프트웨어 개발 및 운영
에이로봇	주요생산품 : 로봇 콘텐츠 직무 : 소프트웨어 개발, 콘텐츠 개발
오토로보틱스	주요생산품 : 산업용 로봇 직무 : 소프트웨어 개발 및 운영
고영로보틱스	주요생산품 : 휴머노이드 및 제어시스템 직무 : 소프트웨어 개발, 시스템 개발
엠알티인터내셔널	주요생산품 : 휴머노이드 및 제어시스템 직무 : 소프트웨어 개발, 시스템 개발
기어테크	주요생산품 : 감속기어설계제작, 기어관련설비 제조 직무 : 프로그램 개발 및 운영
더드림웍스	주요생산품 : AI기반의 협동로봇 스마트 패토링 직무 : 소프트웨어 개발, 시스템 개발

※ 약간 변동이 있을 수 있으며 자세한 내용은 학교 홈페이지에서 확인하기 바랍니다.